Salut,

du hast dich entschlossen, mit der **Lernbox „Französisch 1: Texte schreiben und überarbeiten"** dein Können in der französischen Sprache zu verbessern.

Die **Lernbox „Französisch 1: Texte schreiben und überarbeiten"** will dir konkret zeigen, wie du schrittweise deine Methodenkompetenz im Schreiben von Texten auf Französisch steigern kannst.

- Du lernst, mit welchen Strategien du an das Schreiben eines Textes herangehst.
- Du lernst zentrale Textsorten und ihre Besonderheiten kennen.
- Du lernst, deinen Schreibprozess bewusst zu gestalten.
- Du lernst, wie man einen Text überarbeitet und welches die häufigsten Fehlerquellen sind.
- Du findest Lerntipps, Beispiele, Aufgaben und nützliche Übersichten zur Grammatik.

Die **Lernbox „Französisch 1: Texte schreiben und überarbeiten"** kannst du mit Markierungen, Notizen, eigenen Beispielen und Übungen zu deinem persönlichen Arbeitsheft machen.
Die einzelnen Abschnitte kannst du in beliebiger Reihenfolge bearbeiten. Blättere einmal das Buch durch und entscheide, welches Thema oder welche Aufgabe dich interessiert und wo du mit der Bearbeitung anfangen willst. Lösungen für alle Aufgaben findest du im hinteren Teil, sodass du deinen Lernfortschritt überprüfen kannst.

Die **Lernbox „Französisch 1: Texte schreiben und überarbeiten"** will dich in deinem Lernprozess begleiten und kann das Schulbuch und deinen Unterricht sinnvoll ergänzen.

Viel Erfolg und viel Spaß!

Einen Brief schreiben – mit System zum eigenen Text

Erinnerst du dich noch daran, wie du in deiner Muttersprache schreiben gelernt hast? Zuerst sahen deine Wörter etwas krickelig aus. Aber mit der Zeit und einiger Übung bekamst du immer mehr Sicherheit, und deine Schrift wurde flüssiger. Und jetzt lernst du, französische Texte zu schreiben – fängst an mit Wörtern und einfachen Sätzen, bis hin zum fertigen Text. Mit jedem Text, den du schreibst, wirst du besser. In diesem Kapitel lernst du Regeln und Techniken kennen, die dir helfen, beim Briefeschreiben Sicherheit zu bekommen.

1 Eine Postkarte

Am besten fangen wir gleich einmal mit dem Schreiben an. Stelle dir vor, du bist in Frankreich in den Ferien und schreibst deinem französischen Freund oder deiner französischen Freundin diese Postkarte. Das Motto ist klar: *Ici, tout va bien!* – du fühlst dich prima. Formuliere doch einmal die Anrede, dann einige Einzelheiten und schließe mit einem *Salut* und deinem Vornamen.

Der Schreibanlass bestimmt die Form

Aus welchen Anlässen schreibst du auf Französisch? Klar, um die Schularbeiten zu machen. Zwar übst du damit das Schreiben, aber eine Schreibsituation wie im „echten" Leben ist dies oft nicht.

2 Schreibanlässe

Kreuze an, welches für dich wichtige Schreibanlässe sind.

- ◯ eine Notiz ins Tagebuch schreiben
- ◯ einen Brief an einen Freund/ eine Freundin schreiben
- ◯ eine eigene Geschichte, einen Liedtext oder ein Gedicht schreiben
- ◯ eine Postkarte schreiben
- ◯ einen Lebenslauf schreiben
- ◯ eine Bewerbung schreiben
- ◯ ein Zimmer schriftlich reservieren
- ◯ einen Leserbrief schreiben
- ◯ Notizen zu Gehörtem oder Gelesenem machen

Du hast sicherlich gemerkt, dass in der linken Spalte „private" und in der rechten Spalte „offizielle" Schreibanlässe verzeichnet sind. Beim „privaten" Schreiben hast du mehr Freiheit in der Form. Beim „offiziellen" Schreiben sind bestimmte Regeln zu beachten.

Jeder Text, den du schreibst, hat einen Adressaten. Das kann eine bestimmte Person sein, es kann sich auch um eine Institution handeln. Dein Text wird immer mit einer bestimmten Absicht geschrieben, die den Inhalt deines Textes bestimmt. Die folgende Übersicht verdeutlicht diesen Zusammenhang.

Textsorte	Adressat	Absicht	Inhalt
Tagebuch	die eigene Person	notieren	Gefühle und Erlebnisse
privater Brief/Postkarte	ein(e) Bekannte(r)	informieren, unterhalten	persönliche Erlebnisse
Geschichte/Liedtext/ Gedicht	eine andere Person	unterhalten	persönliche Erlebnisse, Gedanken, Gefühle,
Lebenslauf	eine andere Person	informieren	biografische Fakten
Bewerbungsschreiben	eine andere Person	informieren, überzeugen	eigene Interessen und Qualifikation
Reservierung	eine andere Person	informieren, auffordern	Informationen und Aufforderung
Notizen	die eigene oder eine andere Person	notieren, zusammenfassen	Informationen und Fakten
Leserbrief	andere Personen	die eigene Meinung zum Ausdruck bringen	Informationen und Argumente

Wichtig für dich ist zu wissen, dass das Schreiben eines Textes von dir Vorüberlegungen verlangt. Je präziser du dir darüber klar bist, an wen, mit welcher Absicht und mit welchem Inhalt du schreibst, desto genauer triffst du die formalen Besonderheiten des Textes – der Textsorte – und desto leichter fällt es dir auch, überzeugend zu schreiben.

3 Adressat und Co.

Decke die rechte, dunkelblaue Spalte der Beispiele mit einem Blatt Papier zu! Vielleicht findest du selbst die Textsorte, den Adressaten, die Absicht und die sprachlichen Mittel?

BEISPIEL 1

Attention, ne mets pas tes mains sur la porte.
Tu risques de te pincer[1].

Schild in der Pariser Métro

Textsorte	Sachtext
Adressat	Benutzer der Metro
Absicht	vor Unfällen warnen
sprachliche Mittel	Befehlsform

1 pincer – *die Finger klemmen*

BEISPIEL 2

L'Amiral
L'amiral Larima
Larima à quoi
la rime[2] à rien
l'amiral Larima
l'amiral Rien.

Quelle: Prévert, Jacques (1972), in: Paroles. Paris: Coll. Folio. 228.

Textsorte	Gedicht
Adressat	Leser/in
Absicht	unterhalten, belustigen
sprachliche Mittel	Wortspiel: la rime, rimer à[3]

2 la rime – *der Reim*
3 rimer à – *sich reimen auf*

BEISPIEL 3

Accident: trois personnes ont été grièvement[4] blessées à Paris, mardi 3 août, lors de la chute de la cabine d'un ascenseur. L'accident s'est produit au 94, Boulevard Sébastopol, dans le 3e arrondissement. La cabine est tombée de cinq étages.

Quelle: Le Monde, 5 août 2004. 8.

Textsorte	Sachtext
Adressat	Zeitungsleser/in
Absicht	Information
sprachliche Mittel	genaue Angaben von Einzelheiten (Ort, Zeit, Folgen des Zwischenfalls)

4 grièvement – *schwer*

BEISPIEL 4

Seyrac, le 21 août
Chère maman,
J'ai commencé à t'écrire hier, et puis je n'ai pas trouvé les mots parce que j'avais la fièvre et que j'étais un peu triste, alors je t'écris aujourd'hui et j'espère que tu vas bien.

Auszug aus: Arrou-Vignod, Jean-Philippe (1998):
Léo des villes, Léo des Champs. Ed. Thierry Magnier. 121.

Textsorte	Brief
Adressat	Mutter
Absicht	persönliche Mitteilung
sprachliche Mittel	direkte Anrede

Einen Brief schreiben

Du weißt nun, dass der Adressat sowie die Mitteilungsabsicht den Inhalt und die Form eines Textes bestimmen. Doch wie gehst du genau vor, wenn du einen Brief schreiben willst? Hier findest du einige Tipps.

1. Schritt: Den Adressaten festlegen

Du entscheidest zunächst, wem du schreiben willst. Du möchtest beispielsweise deiner Freundin Geneviève in Frankreich schreiben.

2. Schritt: Die Absicht bestimmen

Du möchtest ihr von deinem Aufenthalt in Nizza berichten – kurz etwas zur Stadt und über das Wetter mitteilen. Dann möchtest du noch sagen, wann du wieder nach Hause fährst.

3. Schritt: Schlüsselwörter in einer Mind-map ordnen

Zuerst legst du eine Liste mit Schlüsselwörtern an, die in deinem Brief vorkommen sollen. Falls dir bestimmte Wörter des Französischen fehlen, schlage im zweisprachigen Wörterbuch nach. So kann eine Liste mit Schlüsselwörtern aussehen:
le ciel bleu · les chaises bleues · la Promenade des Anglais · le jogging · les rollers · les cyclistes (die Fahrradfahrer) · les touristes · le Vieux Nice (die Altstadt von Nizza) · la circulation · la pollution (die Verschmutzung) · les palmiers (die Palmen) · les Italiens · retour: le 23 juillet

Die Schlüsselwörter schreibst du erst einmal so auf, wie sie dir einfallen. In einem zweiten Schritt überlegst du, welche Wörter inhaltlich miteinander in Beziehung gebracht werden können. Dazu ist die Anfertigung einer Mind-map ein gutes Vorgehen. Wie das geht? Für eine Mind-map stellst du einen Begriff wie in unserem Beispiel „Nizza" in den Mittelpunkt und ordnest die Schlüsselwörter um diesen Begriff. Zusätzlich aber – und hier liegt der Vorteil – benutzt du Pfeile und andere Symbole, um die Verknüpfungen zwischen den Wörtern zu verdeutlichen.

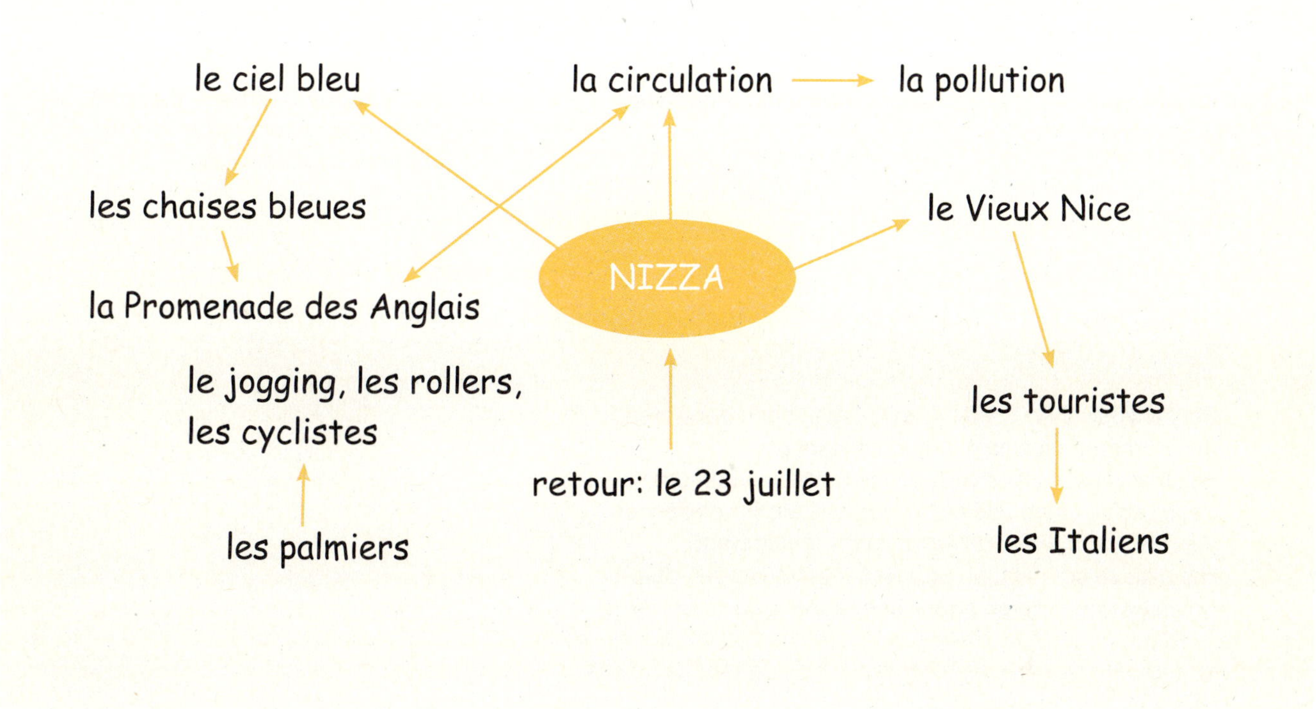

4 La Martinique
Erstelle eine Mind-map zum Schreiben eines kurzen Briefes an deine Eltern zum Thema *Une journée sur un voilier* (das Segelboot) à *La Martinique*!

Une journée
sur un voilier à
La Martinique

4. Schritt: Passende sprachliche Ausdrücke sammeln

Zu einem Brief gehören natürlich bestimmte Anrede- und Schlussformeln. Diese musst du lernen bzw. dir ins Gedächtnis rufen und je nach Adressat auswählen.

Adressat	Anrede	Schluss
Freunde, gute Bekannte in deinem Alter	***Salut*** + Vorname ***Cher/Chère*** + Vorname	***A bientôt*** ***Amicalement***
erwachsene Person, die du kennst	***cher Monsieur*** + Name ***chère Madame*** + Name	***Cordialement*** ***Avec mes salutations cordiales/ sincères***
unbekannte Person, Institutionen	***Madame, Monsieur***	***Je vous prie d'agréer, Madame, Monsieur, l'expression de mes sentiments distingués.***

TIPP

- Bei französischen Briefen beginnt man nach der Anrede (mit Komma) mit einem Großbuchstaben!
- Bei allen Texten ist es wichtig, die Sätze zu verknüpfen. Dazu benutzt man „kleine Wörter" wie die Präpositionen ***d'abord***, ***puis***, ***ensuite***, ***alors***, ***enfin***, ***finalement***. Hauptsätze oder Haupt- und Nebensätze werden durch Konjunktionen wie ***et***, ***parce que***, ***après que*** verbunden.

Kleine Wörter – große Wirkung

Die Konjunktionen als Satzverknüpfer

Um überzeugend zu sein oder um einen Text stilitisch zu verbessern, benötigst du Konjunktionen als „Satzverknüpfer“: Sie verknüpfen einen Haupt- und einen Nebensatz, aber auch die Hauptsätze untereinander.

Nebenordnende Konjunktionen (les prépositions coordonnées)

mais	aber	Il pleut, **mais** je sors quand même.
et	und	Je téléphone **et** j'ouvre la fenêtre.
car	denn	Je regarde la télé **car** je m'intéresse au ski.
donc	also	Je ne comprenais pas le mot, **donc** j'ai consulté un dictionnaire.
ou	oder	Il fait beau, donc je vais aller à la piscine **ou** jouer au tennis.

Unterordnende Konjunktionen (les prépositions subordonnées)

parce que	weil	Je n'ai pas le temps **parce qu**'il y a beaucoup de choses à faire.
comme	da (am Satzanfang)	**Comme** mon père est strict, je reste à la maison.
pendant que	während	Elle lit **pendant qu**'elle écoute son nouveau CD.
depuis que	seit	Marie ne parle plus avec moi **depuis qu**'elle a un petit ami.
bien que (+ subjonctif)	obwohl	Il conduit la voiture **bien qu**'il n'ait pas de permis de conduire.
pour que (+ subjonctif)	damit	Travaille beaucoup **pour que** tes examens se passent bien!
quand	wenn (zeitlich)	Il y a toujours toute la famille à table **quand** on mange.
si	wenn (als Bedingung)	**S**'il fait beau demain nous irons à la plage.

5 Satzverknüpfung

Versuche, die folgenden Sätze durch *donc*, *alors* und *mais* zu verknüpfen!

a. Mon frère est arrivé trop tard dans la nuit à Limoges.
b. Les transports urbains (*öffentliche Verkehrsmittel*) ne fonctionnaient plus.
c. Il y avait les taxis qui circulaient.
d. Il en a appelé un.

5. Schritt: Einzelne Abschnitte schreiben

Jetzt beginnst du mit dem Schreiben. Versuche immer, deine Gedanken sofort auf Französisch zu Papier zu bringen. Günstig ist es, einzelne Abschnitte zu schreiben und diese Abschnitte hinterher zu einem Gesamttext zusammenzufügen.

Du solltest versuchen, direkt Rechtschreib- und Grammatikregeln zu berücksichtigen. Lass dich aber dadurch nicht in deinem Schreiben so blockieren, dass du deinen „roten Faden“ verlierst! Für deinen Brief verfasst du einige Abschnitte:

a. Chère Geneviève,

b. Je suis à Nice depuis 5 jours. Je suis assis sur une chaise bleue au bord de la mer pour t'écrire une petite lettre. Il fait très beau et le ciel est toujours bleu aussi.

c. J'aime beaucoup la Promenade des Anglais. Cette promenade est très longue avec des palmiers et on peut se promener au bord de la Méditerranée. Il y a une piste pour les rollers et pour les cyclistes. Beaucoup de personnes font du jogging le matin. Il y a beaucoup de jeunes en rollers.

d. Il y a beaucoup de bruit à Nice. La circulation est très dense. Il y a très peu de vent et tu peux t'imaginer la pollution de l'air. C'est dommage.

e. A Nice, il y a beaucoup de touristes de tous les pays du monde. Il y a surtout beaucoup d' Italiens dans le Vieux Nice.

f. Malheureusement, je dois quitter Nice le 23 juillet. Et toi, comment vas-tu?
Amicalement

Jörg

6. Schritt: Den ganzen Text schreiben und den Ausdruck verbessern

Nach dieser ersten Rohfassung versuchst du jetzt, die Abschnitte zu ordnen, sie mit den „kleinen Wörtern“, den sogenannten Satzverknüpfern, zu verknüpfen und zugleich den Ausdruck zu verbessern.

Chère Geneviève,

A Nice depuis 5 jours, je suis assis sur une chaise bleue au bord de la mer pour t'écrire une petite lettre. Comme toujours, il fait très beau et le ciel est bleu. Derrière moi, il y a la Promenade des Anglais que j'aime beaucoup à cause de ses palmiers.
Cette promenade est très longue et permet ainsi de se promener au bord de la Méditerranée. Il y a même une piste pour les rollers et pour les cyclistes. Le matin, on peut voir des touristes qui font du jogging. En effet, en été les touristes envahissent la ville, surtout les Italiens. Mais leur quartier préféré, c'est le Vieux Nice, c'est-à-dire le quartier qui ressemble beaucoup à l'Italie.
Ce qui est vraiment dommage, c'est le bruit dans toute la ville. Je n'aime pas toutes ces voitures qui polluent cette ville magnifique surtout parce qu'il y a peu de vent.
Malheureusement, je dois quitter Nice le 23 juillet.
Et toi, comment vas-tu ?

Amicalement
Jörg

7. Schritt: Den Text auf Fehler durchsehen

Zuletzt liest du den Text noch einmal ganz durch. Dabei verbesserst du letzte inhaltliche Schwächen und sprachliche Fehler.

TIPP

▸ Professionelle Korrekturleser lesen einen Text zum Korrigieren der Rechtschreibung Satz für Satz von hinten durch! So lassen sie sich nicht vom Inhalt verwirren.

INFO KOMPAKT

Einen Brief schreiben

1. Den Adressaten festlegen
2. Die Absicht bestimmen
3. Schlüsselwörter in einer Mind-map ordnen
4. Passende sprachliche Ausdrücke sammeln
5. Einzelne Abschnitte schreiben
6. Den ganzen Text schreiben und den Ausdruck verbessern
7. Den Text auf Fehler durchsehen

6 Postkarte aus dem Elsass

Du verbringst einige Tage im Elsass an der deutsch-französischen Grenze. Du schreibst eine Karte an einen Freund in Marseille über die Gegend, die Ausflüge, die du gemacht hast und insbesondere über das Wetter.

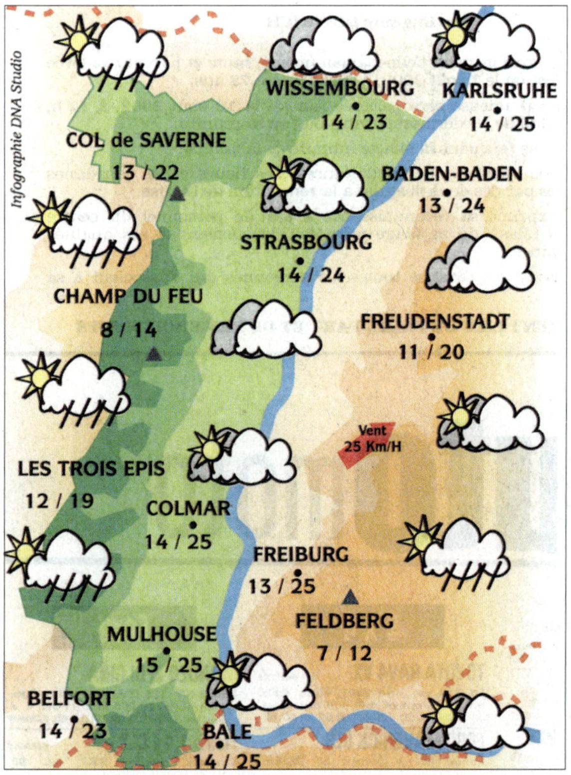

Quelle: Denières Nouvelles d'Alsace, 08. August 2003.

Die Adjektive (Les adjectifs)

Singular

Jeder Text wird genauer oder interessanter für den Leser, wenn du Adjektive (Eigenschaftswörter) benutzt. Adjektive stehen immer bei Substantiven (Nomen). Bei den meisten Adjektiven gibt es im Singular eine Form für ein Adjektiv, das bei einem männlichen Substantiv steht und eine Form für ein Adjektiv, das bei einem weiblichen Substantiv steht. Für die weibliche Form hängt man ein „-e" an das männliche Adjektiv.

maskulin	feminin
direct	directe
grand	grande
gris	grise
haut	haute
joli	jolie

TIPP

- In der weiblichen Form wird der Konsonant vor dem angehängten „-e" nun ausgesprochen.

Ma sœur possède un petit chien. [pətiʃjɛ̃]
Mon oncle a une petite chatte. [pətitʃat]

Es gibt einige wenige Adjektive, die keinen Unterschied zwischen der männlichen und der weiblichen Form des Adjektivs machen, z. B. *jeune*, *triste* und *jaune*. Warum nicht? Es sind die Adjektive, die schon auf „-e" enden.

Es gibt Adjektive, die die weibliche Adjektivform nicht durch einfaches Anhängen eines „-e" an die männliche Form bilden. Bei diesen Adjektiven musst du die männliche und die weibliche Form gesondert lernen, da es keine allgemeine Regel gibt (siehe Tabelle).

maskulin	feminin
blanc	blanche
cher	chère
doux	douce
entier	entière
fou	folle
gentil	gentille
gros	grosse
heureux	heureuse

Drei französische Adjektive haben im Singular noch eine weitere Form: *beau*, *nouveau* und *vieux*. Neben der männlichen und der weiblichen Form gibt es eine Form für männliche Substantive mit einem Vokal im Anlaut.

Hier, j'ai acheté un beau/nouveau/vieux manteau. Et moi, je pense toujours à une belle/nouvelle/vieille voiture.
Et moi, j'ai acheté un bel/nouvel/vieil imperméable.

Plural

Im Plural wird bei den meisten Adjektiven ein „-s“ an die Singularform (männliche oder weibliche) angehängt.

Les grandes villes posent de plus en plus de problèmes.
Les petits prix chez Benetton sont très intéressants.

Die Adjektive *beau*, *nouveau* und *vieux* haben wiederum besondere Pluralformen.

Ce sont vraiment de belles chaussures.
Je préfère ces beaux modèles.
Les vieilles maisons sont pittoresques.
Ces vieux tableaux me fascinent.
Ce sont mes nouveaux voisins.
Voilà les nouvelles amies de Jacqueline.

Die Stellung der Adjektive

Fast alle Adjektive stehen nach dem Substantiv. Vor dem Substantiv stehen Zahlwörter (*la troisième fois*) und kurze, oft benutzte Adjektive, wie z.B. *petit*, *grand*, *beau* und *jeune*.

7 Einen Text korrigieren

Dies ist der Text eines Französischlerners, der noch unsicher bei der Schreibung der Adjektive ist. Unterstreiche alle falschen Adjektivformen. Schreibe anschließend den korrigierten Text ab.

Hier, j'ai rencontré un vieil monsieur. Il se promenait avec un petit chien noire. Il portait un grand sac noire dans sa main droite. Il avait d'énorme problèmes pour marcher et il s'arrêtait très souvent. Son chien le tirait beaucoup. J'ai vu qu'il s'est installé sur un banc blanc qui était un peu sale.

Einen freien Text schreiben – von den Gedanken zum Text

Manchmal schreibst du, um einer Person eigene Ideen und Gedanken mitzuteilen. Du schreibst also einen freien Text. Das kann z. B. ein Bildbeschreibung, eine erfundene Geschichte oder ein Sachtext sein. In diesem Kapitel lernst du Schritt für Schritt, wie man so einen freien Text schreibt.
Als Ausgangspunkt für diese Übung nehmen wir das Bild unten. Die Schreibaufgabe lautet: *„Mon rêve du tapis volant."* Wie gehst du vor?

Création: Mister Brown; Illustration: Bertrand Dubois

1. Schritt: Die Aufgabe verstehen

Es ist ganz wichtig, dass du dir klarmachst, worin deine Aufgabe besteht. In dem vorliegenden Fall sollst du einer frei zu wählenden Person von deinem Traum mit dem fliegenden Teppich erzählen. Nicht gesagt wird bei der Aufgabe, ob du auf dem fliegenden Teppich sitzt oder ob du ihn vorbeiziehen siehst. Du hast also zwei Möglichkeiten: Entweder schreibst du aus der Perspektive einer Person auf dem Teppich oder aus der Sicht einer Person, die den Teppich vorbeifliegen sieht. Wichtig ist, dass du dich vor dem Schreiben für eine Perspektive entscheidest.

2. Schritt: Das Bild betrachten und Notizen machen

Das Bild dient dir zusammen mit dem Thema der Aufgabenstellung als Orientierung für deine Gedanken. Deshalb betrachtest du es am besten erst einmal aufmerksam und machst dir stichwortartig Gedanken dazu – auf Französisch natürlich:

le tapis volant · des personnes · le ciel · des bateaux · des nuages · danser · un éléphant · le monde · rouge · bleu · se reposer · courir · un rhinocéros · des voitures · lire

3. Schritt: Ideen in einer Mind-map ordnen

Nun überlegst du dir, welche Geschichte du schreiben könntest. Notiere deine ersten Ideen doch in einer ersten Gedankenskizze, einer Mind-map, in die du die Notizen aus **Schritt 2** einbeziehst!

Du könntest z. B. einen Traum beschreiben, in dem eine fantastische Geschichte vorkommt. Du wärst auf dem fliegenden Teppich und würdest die Erde beobachten.

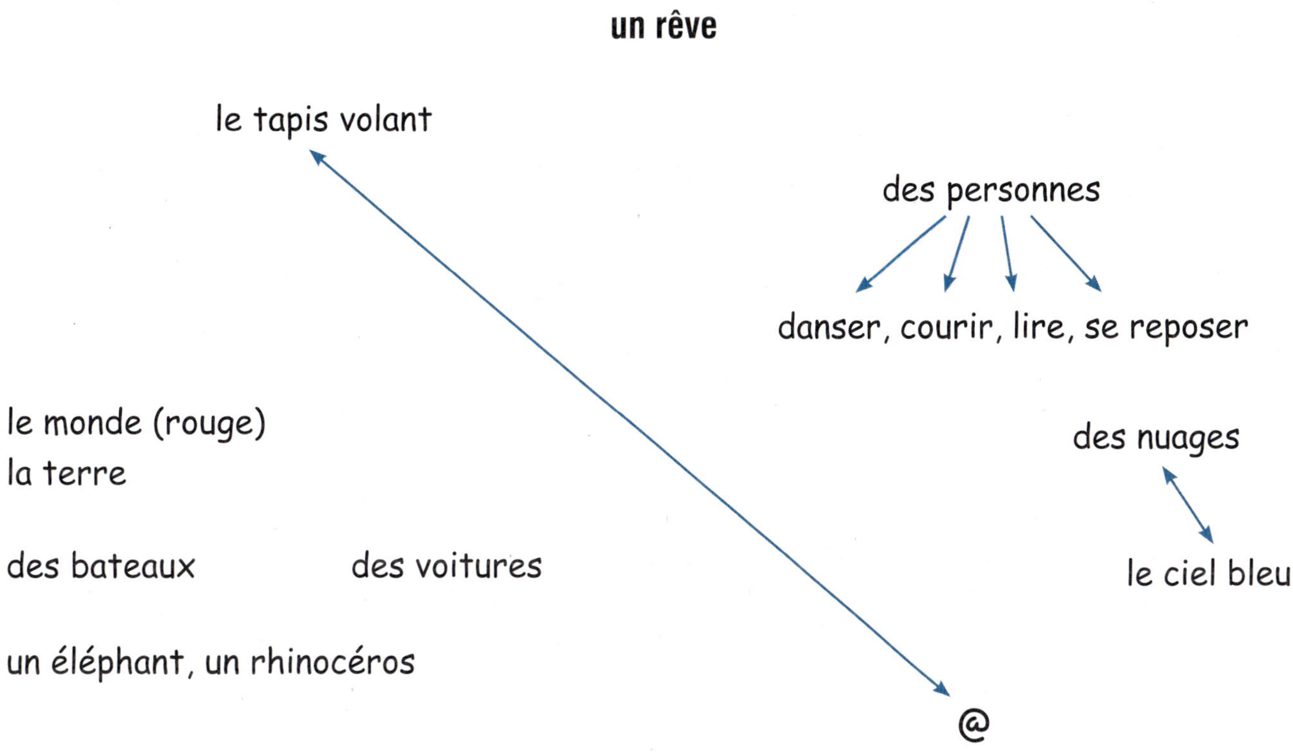

4. Schritt: Passende sprachliche Ausdrücke sammeln

In dem Text möchtest du Handlungen und Sachverhalte beschreiben. Du sammelst dafür in einer Liste sprachliche Mittel, die du später als Bausteine benutzen kannst. Du möchtest beispielsweise genaue Angaben machen, wo sich etwas befindet:

à gauche, à droite
à côté de
en face de
en-dessous de
au-dessus de

TIPP Mit diesen Wörtern kannst du übrigens deine einzelnen Sätze verknüpfen – Satzverknüpfer machen einen guten Text aus!

Um Handlungen zu beschreiben, musst du sagen können, ob etwas vor oder nach etwas anderem passiert.

tout d'abord
ensuite
puis
tout à coup
avant de + infinitif
après avoir + participe passé

5. Schritt: Einzelne Absätze schreiben

Versuche jetzt, deine Perspektive sowie deine Ausgangssituation zu bestimmen und einzelne Teilabschnitte zu schreiben. Dabei kannst du auf deine Vorarbeiten (**Schritt 3** und **4**) zurückgreifen.

Mon rêve du tapis volant

Voilà. Cela suffit. Je n'ai plus envie de regarder la télévision. Je vais au lit et je ferme les yeux.

Je m'assois sur le tapis car sa vitesse est très grande. C'est la position de beaucoup de voyageurs.

Seulement une fille n'arrête pas de danser et un monsieur est très nerveux. Il court d'un côté à l'autre côté du tapis et il fait beaucoup de mouvements avec ses bras comme s'il voulait faire des signes aux personnes sur terre.

Nous sommes très loin de la terre et nous volons très, très vite. Mais je peux voir un éléphant gris, un rhinocéros blanc et un autre animal bleu.
La terre semble être toute rouge et deux bateaux traversent les océans.

Voilà. Cela suffit. J'éteins la télé et je ferme les yeux pour dormir. Demain il y aura une interrogation écrite en maths.

Le plus étonnant, c'est une autoroute qui a la forme d'un @ et qui monte vers le ciel. Il y a seulement une voiture noire qui roule dans notre direction.

TIPP

Du solltest dich bei diesem Schritt nicht durch fehlende Wörter stören lassen. Es kommt hier nur darauf an, die Gedanken zu Papier zu bringen. Fehlende Wörter suchst du erst jetzt im Wörterbuch und ergänzt sie.

Hilfen durch das Wörterbuch

Du solltest dich bei der ersten Inhaltsskizze nicht durch fehlende Wörter stören lassen. Es kommt jetzt nur darauf an, die Gedanken zu Papier zu bringen. Notiere unbekannte Wörter einfach auf Deutsch. Bist du mit der Inhaltsskizze fertig, suchst du sie im zweisprachigen oder einsprachigen Wörterbuch.

TIPP

Liste deine fehlenden Wörter alphabetisch auf. Zeit raubendes Hin- und Herschlagen im Wörterbuch kannst du so vermeiden.

Berechnung

Um deine Geschichte noch auszuschmücken, benötigst du das Wort für „Rechenaufgabe" bzw. (mathematische) „Berechnung". Du kennst es nicht und schlägst im zweisprachigen Wörterbuch nach und findest unter „Berechnung" zwei Wörter:

- *fig. calcul, f.*
- *comm. facturation f.*

Welches ist nun das richtige Wort? Da fällt dir folgende Begebenheit ein. Als du einmal mit dem Taschenrechner in der Französischstunde gespielt hast, sagte deine Lehrerin etwas wie *„Range ta calculatrice, s'il te plaît"*. Da du so getan hast, als würdest du sie nicht verstehen, sagte sie: „Räum bitte deinen Taschenrechner weg!". Du nimmst nun an, dass für deine Geschichte *calcul* das treffende französische Wort ist.

Zur Sicherheit schlägst du noch einmal im einsprachigen Wörterbuch unter *calcul* nach und findest dort Hinweise auf *algèbre*, *arithmétique* und *mathématique*. Klar, *calcul* passt.

cool

Dir fehlt noch ein Wort, um deine Begeisterung auszudrücken, also so etwas wie „cool". Aber das Wort gibt es natürlich nicht im Wörterbuch. Du findest „super", was dir schon ganz gut gefällt. Was bietet das einsprachige Wörterbuch zusätzlich an? Du schlägst es unter „super" auf und findest noch *formidable*, *magnifique* und *extraordinaire*. Da du keine Besonderheiten oder Beschränkungen hinsichtlich ihrer Verwendung entdeckst, hast du jetzt einen schönen Vorrat an Ausdrücken, um das tolle Erlebnis deines Teppichflugs zu beschreiben.

Motorboot

Das Wort „Boot", nämlich *bateau* hast du zwar schon im französischen Text, aber dir fehlt das Wort „Motorboot", von dem du schreiben möchtest. Nun weißt du, dass „Motor" im Englischen *motor* heißt und im Französischen *moteur*. Aber deine Kenntnis der französischen Sprache sagt dir auch, dass die Franzosen oft nicht einfach zwei Wörter ohne Präposition zusammensetzen. Welche könnte hier die richtige sein? Diesmal suchst du im zweisprachigen Wörterbuch in dem Teil „Französisch-Deutsch" unter *bateaux*. Dort stößt du auf:

- *bateau à voiles*
- *bateau à moteur*

Offensichtlich muss man die Präposition *à* wählen. Deine Vermutung findest du durch den Blick in das einsprachige Wörterbuch bestätigt.

6. Schritt: Den ganzen Text schreiben und den Ausdruck verbessern

Nun ordnest du die einzelnen Abschnitte. Dabei solltest du sie sprachlich so überarbeiten, dass eine spannende Geschichte entsteht. Dazu steigerst du die Spannung und fügst einen für den Leser überraschenden Schluss hinzu. Hier kann dir wieder deine Liste mit sprachlichen Mitteln helfen.

Mon rêve du tapis volant

Voilà. Cela suffit. Je n'ai plus envie de regarder la télévision. Je vais au lit et je ferme les yeux. J'essaie de ne plus penser à l'interrogation de maths de demain. Est-ce que le prof va nous présenter encore une fois le calcul d'un tapis qui est devenu plus court après le lavage? Toujours des tapis roses, verts et jaunes ...
Tout à coup j'entends la voix du professeur: «Montez sur le tapis et installez-vous. Nous partons.»
Je me trouve sur un tapis, avec la terre en-dessous et le ciel bleu au-dessus de moi. Pour ne pas tomber, je m'assois car la vitesse du tapis est très grande.

C'est magnifique. Mais je ne suis pas seule. Il y a douze autres passagers. A ma gauche, une fille n'arrête pas de danser et un monsieur à droite semble être très nerveux. Il court d'un côté à l'autre côté du tapis et il fait des mouvements avec ses bras. Est-ce qu'il veut faire des signes aux personnes sur terre?
Ce qui est plus intéressant que les passagers, c'est le regard sur la terre.
Nous sommes très loin de la terre et nous volons très, très vite, mais je peux voir un éléphant gris, un rhinocéros blanc et un autre animal bleu.
La terre semble être toute rouge et deux bateaux à moteur traversent les océans.
Le plus étonnant, c'est une autoroute qui a la forme d'un @ et qui monte vers le ciel.
Il y a seulement une voiture noire qui roule très vite dans notre direction. L'autoroute est de plus en plus loin et la voiture commence à voler.
Pendant tout ce temps, j'essaie de voir qui est dans la voiture. Puis, j'entends une voix: «Pierre, Pierre!» C'était ma mère. «Tu as oublié ta calculatrice pour ton interrogation de maths».
Je me réveille.

7. Schritt: Den Text auf Fehler durchsehen

Nach dem Schreiben ist das kritische Durchlesen des Textes ganz wichtig, um Schwächen im Inhalt oder im Bereich der Rechtschreibung zu verbessern. Gehe ganz genau Satz für Satz vor!

Einen freien Text zu einem Bild schreiben

1. Die Aufgabe verstehen
2. Das Bild betrachten und Notizen machen
3. Ideen in einer Mind-map ordnen
4. Passende sprachliche Ausdrücke sammeln
5. Einzelne Absätze schreiben
6. Den ganzen Text schreiben und den Ausdruck verbessern
7. Den Text auf Fehler durchsehen

1 Pariser Bauwerke

Betrachte die Illustration und bearbeite eine der folgenden Schreibaufgaben.

a. Verfasse einen Sachtext zu einem der Gegenstände oder Bauwerke.

b. Schreibe einen (erfundenen) Dialog zwischen dem Eiffelturm (*La Tour Eiffel*) und dem Triumphbogen (*Arc de Triomphe*).

c. Schreibe einen Brief, in dem du von einem Stadtrundgang in Paris erzählst. Beziehe dich dabei auf Elemente des Bildes.

Ein résumé schreiben – sich kurz fassen

Nicht nur in der Schule, sondern auch im Alltag verfasst du manchmal Inhaltsangaben. Wozu das? Du hast beispielsweise einen interessanten Roman gelesen und berichtest deinem Freund oder deiner Freundin davon. Dazu gibst du einfach kurz den Inhalt wieder und hast ganz nebenbei eine mündliche Inhaltsangabe – auf Französisch ein *résumé* – verfasst. Bei schriftlichen Inhaltsangaben gibt es bestimmte Vorgaben, die zu berücksichtigen sind. Dieses Kapitel zeigt dir, wie du Schritt für Schritt zu einem guten *résumé* gelangst.

Das ist eine Inhaltsangabe des Buches „Il faut sauver Saïd":

Le roman de jeunesse „Il faut sauver Saïd" de Brigitte Smadja est publié en 2003. Il se passe dans le milieu scolaire et le personnage principal s'appelle Saïd, un élève qui entre au collège.
A l'école primaire, Saïd était un très bon élève. Mais au collège, il vit une vie scolaire très différente. Il y a de la violence, les élèves ne respectent pas les enseignants qui n'ont pas d'autorité. Saïd a du mal à travailler. Malgré l'amitié avec quelques copains, il pense vraiment à quitter le collège. Mais finalement, il reste. Il trouve qu'il n'a pas le droit d'aller ailleurs et parce qu'il a le soutien[1] d'un enseignant.

1 le soutien – *die Unterstützung*

Ein *résumé* zu erstellen, bedeutet immer, den ursprünglichen Text zu kürzen. So sollte ein *résumé* nicht länger als ein Drittel des Originals sein. Diese Kürzung darf aber nicht auf Kosten der Handlung gehen: Alle für das Verständnis unverzichtbaren Informationen des Ausgangstextes müssen auch im *résumé* auftauchen. Dazu gibst du die wichtigen Informationen und Handlungselemente in kurzen Sätzen wieder. Aber du darfst auf keinen Fall Satzelemente des Originals unverändert übernehmen! Wichtig ist auch, dass du alle persönlich wertenden Stellungnahmen vermeidest. Zwei weitere Merkmale des *résumé* sind zu beachten: Es wird durchgehend im Präsens geschrieben, und an die Stelle der direkten Rede des Originals tritt die indirekte Rede.

Die wichtigste Voraussetzung für die Erarbeitung des *résumé* ist ein gutes Textverständnis. Daher werden wir in den nächsten Schritten den Text mehrmals lesen, um

- die **Textsorte** zu erkennen (Zeitungstext, literarischer Text, Leserbrief ...).
- den **Inhalt** des Textes und die Absicht des Autors zu verstehen.
- den größeren **Zusammenhang**, in dem der Text steht, zu erfassen.

Leg dir ein Wörterbuch, verschiedene Textmarker sowie Papier und Stift für spontane Notizen bereit.
Versuchen wir es doch einmal zusammen, Schritt für Schritt zu einem *résumé* zu gelangen. Dies ist der Ausgangstext:

SMS À DES PRIX FOUS[1]

Des milliers de SMS envahissent[2] des portables[3]
Une folie[4] pour les jeunes qui sont des destinataires

«Quelqu'un t'aime en secret et nous a demandé de te prévenir[5]» ou« Devine[6] qui est tombé amoureux de toi»: c'est le début de SMS ou de e-mails que des milliers de personnes ont reçu depuis des mois. Pour savoir qui est l'auteur du mot doux[7], rien de plus simple! Il suffit de rappeler[8] le numéro de téléphone indiqué sur le message.

Une démarche[9] coûteuse[10]. Flatté[11] par un tel message ou simplement par curiosité, le destinataire rappelle immédiatement[12] le numéro. Mais cela devient coûteux: avec un appel facturé 1,35 euro, puis 34 centimes d'euro la minute, on paie facilement 2 euro.

Incitation[13] à la dépense[14]. En résumé, les rôles sont inversés[15]: c'est le destinataire du message qui paie la télécommunication au prix fort pour savoir qui lui a envoyé un message. Et en même temps, la société de service[16] encaisse l'argent généré[17] par la surfacturation[18] de l'appel.

Un vide juridique? Pour l'instant, seule une directive européenne[19] impose d'avoir l'accord de la personne pour lui envoyer des messages publicitaires par SMS ou e-mail. Mais cette directive n'est pas encore transposée[20] dans la législation française[21]. Il y a donc un vide[22] dont profitent certaines sociétés.

1 fou, folle – *verrückt*; **2** envahir – *eindringen in*; **3** le portable – *das Handy, le téléphone mobile*; **4** la folie – *der Wahnsinn*; **5** prévenir qn. – *jdn. warnen*; **6** deviner – *raten*; **7** doux, douce – *zärtlich, sanft*; **8** rappeler – *zurückrufen*; **9** une démarche – *das Vorgehen*; **10** coûteux, se – *teuer*; **11** flatter qn. – *jmd. schmeicheln*; 12 immédiatement – *sofort*; **13** une incitation – *die Anstiftung*; **14** la dépense – *die Ausgabe*; **15** inversé – *vertauscht*; **16** la société de service – *der Dienstleister*; **17** générer – *hervorrufen*; **18** la surfacturation – *überhöhte Rechnung*; **19** une directive européenne – *eine europäische Richtlinie*; **20** transposer – *umsetzen*; **21** la législation française – *die französische Gesetzgebung*; **22** le vide – *die (Gesetzes)lücke*

D'après: Réveillon, Marie: Les Clés d'Actualié. No 492/2002. Toulouse: Milan Press. 8.

Schritt 1: Den Text überfliegen: Vorinformationen beachten

Welche Elemente fallen dir auf, wenn du nur kurz auf den Text schaust?

Auf den ersten Blick siehst du die Abkürzung SMS in den beiden Überschriften. Außerdem fällt sofort die deutliche Einteilung des Textes in vier Abschnitte auf. Ganz unten steht, wer den Artikel geschrieben hat und aus welcher Quelle er stammt. Der Hinweis auf den Titel einer Zeitung/Zeitschrift zeigt, dass es sich wohl um einen Sachtext handeln muss. Woran denkst du bei SMS? An dein Handy, die vielen SMS, die du versendest und die du erhältst ... Der Gesichtspunkt „Kosten" kommt dir vielleicht auch in den Kopf.

Schritt 2: Den Text grob lesen: Wichtige Informationen herausfinden

Überlege: Welche Textstellen sind besonders wichtig?

Nun verschaffst du dir einen Eindruck von dem Textinhalt und liest ihn grob durch. Die folgenden Stellen sind vermutlich wichtig – du unterstreichst sie am besten:

TIPP Für ein *résumé* ist es ganz wichtig, dass du dir genau klarmachst, welche Informationen in dem Text besonders wichtig sind und was nur nebenbei gesagt wird.

Überschrift 1	ganz unterstreichen
Überschrift 2	Des milliers de SMS envahissent des portables
ligne 3	Pour savoir qui est l'auteur ...
ligne 4	Il suffit de rappeler le numéro de téléphone indiqué sur le message

ligne 6	Une démarche coûteuse
ligne 10	Incitation à la dépense
ligne 10/11	C'est le destinataire du message qui paie la télécommunication
ligne 15	Un vide juridique

Schritt 3: Die Hauptaussage formulieren

Worum geht es hauptsächlich in dem Text?

Du hast jetzt eine erste Idee von dem Inhalt des Textes. Du vermutest: Es geht um SMS und die hohen Kosten, die damit verbunden sind. Außerdem werden offensichtlich rechtliche Probleme angesprochen. Eine erste Formulierung wäre:

> Dans l'article «SMS à des prix fous» adapté du journal «Les Clés de l'actualité», l'auteur parle d'un problème des jeunes, qui concerne les frais des SMS.

Mit diesem Satz hast du schon den wichtigsten Teil deines *résumé* vorbereitet – den ersten Satz. Ein *résumé* hat nämlich immer den folgenden Aufbau: In einem einleitenden Satz stehen die Quelle und die Hauptaussage des Textes. Anschließend werden die wichtigen Informationen nacheinander genannt.

Schritt 4: Unbekannte Wörter klären – den Text besser verstehen

Welche Vokabeln brauchst du unbedingt, um den Text zu verstehen?

Nach dieser ersten Vermutung zu der Hauptaussage liest du den Text erneut. Du unterstreichst die Vokabeln, deren Bedeutung du nicht kennst. Nun ordnest du die Vokabeln in eine alphabetische Liste und suchst ihre Bedeutung. Diese Arbeit wurde dir hier erleichtert – es gibt eine umfangreiche Vokabelliste. Aber dies wird nicht immer der Fall sein! Wenn du nun die Bedeutung aller unbekannten Wörter kennst, verstehst du den Text noch besser. Eine zweite, verbesserte Formulierung für die Hauptaussage des Textes kann deshalb lauten:

> Dans l'article «SMS à des prix fous» adapté du journal «Les Clés de l'actualité», l'auteur parle d'un problème particulier des propriétaires de téléphones portables, lié aux SMS: Des sociétés envoient de faux messages qui demandent de rappeler quelqu'un.

Schritt 5: Das *résumé* schreiben: eine Abfolge von wichtigen Informationen

Welche Informationen müssen in das résumé?

Nun kannst du beginnen, das endgültige *résumé* zu schreiben. Als ersten Satz hast du bereits die Hauptaussage formuliert. Im Folgenden schreibst du zu jeder wichtigen Information, die du markiert hattest, einen Satz. Du schaust am besten nur ab und zu in den Ausgangstext, um nicht in die Falle zu tappen, einzelne Wörter oder Satzteile unverändert zu übernehmen. Das ganze *résumé* kann schließlich lauten:

> Dans l'article «SMS à des prix fous» adapté du journal «Les Clés de l'actualité», l'auteur parle d'un problème particulier des propriétaires de téléphones portables. Les personnes reçoivent des SMS. Quelques sociétés ont envoyé de faux messages personnalisés qui demandent de rappeler quelqu'un. Mais cela est très cher et la société fait du profit. On ne peut rien faire contre cette incitation à la dépense, car la situation n'est pas claire. Il y a un vide juridique.

Schritt 6: Das *résumé* korrigieren und überarbeiten

Überlege: Hast du alle Regeln eingehalten?

Auch wenn du froh bist, mit dem Schreiben des Textes fertig zu sein, solltest du deinen Text nun noch einmal gründlich lesen und auf Schwachstellen überprüfen.

- Hast du die Problematik des Textes richtig erfasst und klar dargestellt?
- Hast du gut gekürzt: Ist dein *résumé* nicht länger als 1/3 des Ausgangstextes?
- Hast du es geschafft, sprachlich nicht zu eng am Ausgangstext zu schreiben?
- Hast du überall Präsens benutzt?
- Hast du direkte Rede in indirekte Rede umgewandelt?
- Hast du daran gedacht, Meinungsäußerungen zu vermeiden?

Du stellst fest, dass du einige Bereiche noch verbessern kannst, und schreibst das überarbeitete *résumé* noch einmal ab. So sieht nun die endgültige Fassung aus:

Dans l'article «SMS à des prix fous» adapté du journal «Les Clés de l'actualité», son auteur parle d'un problème particulier des propriétaires de téléphones portables.
Souvent ces personnes reçoivent des faux SMS. Ce sont des sociétés qui envoient ces messages souvent amicaux et qui demandent au jeune de rappeler quelqu'un. Mais cela coûte très cher à la personne et la société fait du profit.
La situation juridique n'est pas claire. Il y a une directive européenne qui interdit ces faux messages, mais la législation française ne connaît pas encore ce délit.

INFO KOMPAKT

Schritt für Schritt zum *résumé*

1. Den Text überfliegen
2. Den Text grob lesen
3. Die Hauptaussage formulieren
4. Unbekannte Wörter klären
5. Das *résumé* schreiben
6. Das *résumé* korrigieren und überarbeiten

Regeln zur Form
- ca. 1/3 der Textlänge des Originals
- immer im *présent* schreiben
- wörtliche Rede (*discours direct*) in indirekte Rede (*discours indirect*) umwandeln
- keine Satzteile aus dem Originaltext übernehmen (wenn unbedingt nötig, mit Anführungszeichen als Zitat kennzeichnen)

Regeln zum Inhalt
- die Hauptaussage (W-Fragen) kurz in einem Einleitungssatz nennen (*Dans le texte, il s'agit de ... / Le texte parle de ... / Dans le texte «...», l'auteur parle de ...*)
- nur Fakten nennen, keine eigene Meinung (nicht: *je pense que / à mon avis etc.*)
- nur Wichtiges notieren, keine Einzelheiten nennen oder den Text ausschmücken

1 Résumé Londres

Schreibe ein *résumé* zu dem folgenden Textausschnitt! Geh dabei die folgenden Schritte durch.

a. Überfliegen des Textes: Wichtig ist u.a. herauszufinden, wer eigentlich die Geschichte erzählt: ein Junge, ein Mädchen?

b. Grobes Lesen des Textes: Überlege, welche Wörter (Eigennamen) du unterstreichst, da sie offensichtlich das Gerüst des Textauszugs bilden!

c. Formulierung der Hauptaussage: Dabei müsstest du von der *description de la situation d'une famille* sprechen.

d. Unbekannte Vokabeln im Wörterbuch suchen: Vermutlich wirst du die folgenden Wörter nachschlagen:

l. 03	sortir de ses gonds
l. 07	débarquer
l. 09	un demi-frère
l. 14	ficher
l. 14	s'envenimer

e. Schreiben des *résumé* und Korrektur und Überarbeitung deines Textes.

f. Vergleiche dein *résumé* anschließend mit dem Text im Lösungsteil!

LAURENCE COSSÉ: TROIS SEMAINES À LONDRES

J'avais quinze ans. Ça n'allait pas très fort à la maison. Ma mère ne me comprenait pas. Mon père ne m'écoutait pas. Ils travaillaient beaucoup, tous les deux. Ma sœur Mimi avait huit ans, un vrai bébé.
Un jour où maman m'avait particulièrement énervée, je suis sortie de mes gonds. Je lui ai dit:
- C'est toujours la même chose. Ce que je peux dire ou vouloir, ça t'est bien égal. Au fond tu ne t'intéresses qu'à Paul. Tu n'aimes que lui.
J'ai cru qu'elle allait se mettre à pleurer. On devait être en janvier, ou en février, et elle n'avait pas vu Paul depuis des mois. Elle avait espéré le voir débarquer à Noël, mais il n'était pas venu. Il n'avait même pas téléphoné.
Paul avait dix ans de plus que moi. C'était mon demi-frère. Maman l'avait eu très jeune, d'un homme dont elle ne parlait jamais. Ils ont vécu tous les deux seuls, elle et Paul. Ils habitaient dans le Nord de la France, je crois savoir que maman était partie le plus loin de sa famille, qui est du Sud-Ouest. Et puis maman s'est mariée, je suis née. Je ne m'en souviens pas, mais à ce qu'elle raconte, Paul est devenu très difficile. On s'était installés dans une maison au nord de Paris, à Enghien. Paul n'adressait pas la parole à papa, il ne fichait rien en classe. Il a passé son bac, et les choses se sont envenimées. Il n'a pas voulu faire d'études. Maman dit qu'il pouvait tout réussir. Elle avait rêvé la belle vie pour lui. Mais lui, une seule chose l'intéressait, c'était peindre. Même pas étudier la peinture, faire une école d'art, non. Peindre. Peindre toute la journée.
Bref, il a quitté la maison. J'avais sept ou huit ans, je m'en souviens très bien. Mimi venait de naître. Maman a été comme folle, des semaines.
Longtemps après, on a su que Paul vivait à Londres.

Extrait de: Cossé, Laurence (2004): Trois semaines à Londres. In: Bonnes vacances. Paris: Gallimard 73 – 74

2 Résumé parachutisme

Schreibe zu dem folgenden Text ein *résumé*. Orientiere dich dabei an den Bearbeitungsschritten 1–6. Vergleiche dein *résumé* anschließend mit dem Text im Lösungsteil!

LA TÊTE DANS LES NUAGES

Vacances évasion pour amateurs de sensations fortes.

«La première fois, mais aussi toutes les suivantes d'ailleurs, on a le ventre serré. Pourtant, il faut bien sauter. A ce moment-là, la peur s'évanouit, tout devient calme et on s'éclate.», raconte Astrid, 18 ans. Attirée par les sports extrêmes depuis toute jeune, elle a franchi le pas à 17 ans et s'est inscrite à un stage de parachutisme dans sa région, près de Lyon.

Pratique sensationnelle, le parachutisme reste cependant une discipline très stricte et bien encadrée. Pour pratiquer, il faut être âgé de 15 ans minimum, avoir une autorisation parentale si on est mineur, et se faire délivrer un examen médical.

«Une fois je suis partie en rotation. Quand on perd tous ses repères, le réflexe doit être d'ouvrir son parachute sous peine de s'écraser. Paniquée, je ne l'ai ouvert qu'à 700 mètres. Mais j'ai eu de la chance car, à 100 mètres près, mon parachute de secours s'ouvrait automatiquement.»

Texte raccourci, d'après: Ogiela, Laurence. Phospore No 254/2002.46

3 Texto

Durch den Versand von SMS hat sich in Frankreich die Sprache *texto* entwickelt. Versuche, die verkürzte Schreibweise aufzulösen und den Text der SMS in französische Standardsprache zu „übersetzen“.

```
Bjr, vsAV le
tps pour 1
Kfe?: J
OK ms pas
avt 18 h, Gdu
boulot. RDV
pour 1 (_)?. A+
```

Quelle: Anis, Jacques (2001): Parlez-vous texto? Paris : Le Cherche midi. 30.

Direkte Rede – indirekte Rede (Le discours direct – le discours indirect)

Da es in einem *résumé* keine wörtliche Rede gibt, musst du die Formen der indirekten Rede bilden können.

Aussagesatz
Ein Aussagesatz wird in den *discours indirect* verwandelt, indem du ein einleitendes Verb (*dire, raconter etc.*) + que verwendest.

direkte Rede	indirekte Rede
Pierre: «Je suis content.»	**Le journaliste dit que Pierre est content.**
Gisèle: «J'aime mon chien.»	**Gisèle dit qu'elle aime son chien.**

Fragesatz
Ein Fragesatz wird in den *discours indirect* verwandelt, indem du demander + das Fragewort verwendest.

direkte Rede	indirekte Rede
Jean: «Pourquoi est-ce que le train ne part pas?»	**Jean demande pourquoi le train ne part pas.**
Mme Martin: «Est-ce que le sac est cher?»	**Mme Martin demande si le sac est cher.**

Beachte: Einige Formen der *adjectifs possessifs* und der *pronoms d'objets* indirects verändern sich!

dir. Rede	indir. Rede
mon	son
ton	son
notre	leur
votre	son

dir. Rede	indir. Rede
mes	ses
tes	ses
nos	leurs
vos	leurs

dir. Rede	indir. Rede
me	se
te	se
nous	se
vous	se

Ausgangstext	résumé
Jean+Pierre: «C'est notre voiture.»	**Jean et Pierre disent que c'est leur voiture.**
Sandrine: «Pierre m'a donné 100 Euro.»	**Sandrine dit que Pierre lui a donné 100 Euro.**

4 **Grammatikaufgabe**
Setze den nachfolgenden Dialog in die indirekte Rede!

Muriel: Pascal, est-ce que tu connais l'indicatif de l'Allemagne?
Pascal: Je pense que c'est le 0049.
Muriel: Je ne me souviens plus. Est-ce qu'il faut faire le 0 (zéro) quand je fais le numéro d'un portable?
Pascal: Non, tu ne dois pas faire le 0.
Muriel: C'est terrible. Je n'arrive pas à envoyer mon SMS à Manuela.
Pascal: Attends quelques minutes. Je vais t'aider.

Schär Müsjö Sackosie – einen Text überarbeiten

Was ist das denn für eine seltsame Überschrift? Es handelt sich um den Anfang eines Briefes an den französischen Präsidenten Nicolas Sarkozy. Kein Franzose könnte diesen Briefanfang verstehen, weil er so falsch geschrieben ist. Eine einheitliche Schreibung ist wichtig, damit deine französischen Texte verstanden werden. Dieses Kapitel macht dich, chère élève/cher élève, auf die Hauptfehlerquellen des Französischen aufmerksam und gibt dir Tipps, wie du Fehler in Zukunft vermeiden kannst.

1 Der Fehlerteufel

Diese kurze Mitteilung wurde von einem Franzosen geschrieben. Sie zeigt, wie schnell sich Fehler beim Schreiben einstellen, sogar bei einem Muttersprachler. Versuche doch einmal, die Fehler zu erkennen und unterstreiche sie!

Anke,

J'ai bien reçu ton e-mail avec les information de ton arrivée le 14 septembre. Je vais allée te chercher au l'aeroport. Je, je n'ais encore rien fait pour me préparer au cours. Mais cela m'intéresses pas beaucoup.

Je t'embrasse

Thierry

Eine Fremdsprache, die man nur sprechen, aber nicht schreiben muss – wäre das nicht ein Traum? Dann gäbe es in der Schule keine schriftlichen Hausaufgaben mehr. Vielleicht wären dann automatisch die Zensuren besser? Aber überlege einmal: Wäre eine solche Sprache „alltagstauglich“? Was auf den ersten Blick vielleicht wünschenswert erscheint, hätte erheblich Nachteile für die Verständigung und den Informationsaustausch im Alltag: Briefe zu schreiben, wäre nicht möglich, gedruckte Fernsehprogramme, Flyer, Speisekarten, Fahrpläne usw. würden nicht existieren.

Die französische Rechtschreibung hat den Ruf, schwer zu sein. Ist sie auch schwerer als die der deutschen Sprache? Das kommt darauf an. Wenn du beispielsweise an die Probleme mit der Groß- und Kleinschreibung im Deutschen denkst, ist das Französische leichter!

Einige Fehler treten immer wieder beim Schreiben auf. Diese Fehler haben ihren Ursprung oft in einer schlechten oder falschen Aussprache, die dann zu einer falschen Schreibung führt bzw. zu Schwierigkeiten mit der Grammatik. Achte deshalb besonders auf die folgenden häufig zu beobachtenden Fehler.

Hauptfehlerquellen im Französischen

Fehlerquelle	
Akzente	Le frére de mon pere a 55 ans. *(falsch)*
	Le fr**è**re de mon p**è**re a 55 ans. *(richtig)*
Unterschiedliche Schreibung von gleich gesprochenen Wörtern	La mèr est belle. Ma mere m'attend. *(falsch)*
	La m**er** est belle. Ma m**è**re m'attend. *(richtig)*
Angleichung der Verbform an das Subjekt	Nous regardez la télé. *(falsch)*
	Nous regard**ons** la télé. *(richtig)*
Endungen der regelmäßigen Verben im Präsens	Ils attend les autres élèves. *(falsch)*
	Ils atten**dent** les autres élèves. *(richtig)*
Endung des Infinitivs auf „*-er*"	Pierre veut l'aidé. *(falsch)*
	Pierre veut l'aid**er**. *(richtig)*
De nach Mengenangaben/ Verneinung	Hier, j'ai acheté deux kilos du raisin. *(falsch)* Après, je n'avais plus de l'argent. *(falsch)*
	Hier, j'ai acheté deux kilos **de** raisin. *(richtig)* Après, je n'avais plus **d**'argent. *(richtig)*
Ce, *ces* und *se*, *ses*	Je ne comprends pas se problème. *(falsch)*
	Je ne comprends pas **ce** problème. *(richtig)*
Tout und *tous*	Je ne comprends pas tous ce que tu dis. *(falsch)*
	Je ne comprends pas tou**t** ce que tu dis. *(richtig)*
leur und *leurs*	Je leurs ai offert le livre. *(falsch)*
	Je leu**r** ai offert le livre. *(richtig)*
Imperativ Singular	Chantes plus fort! *(falsch)*
	Chant**e** plus fort! *(richtig)*
Angleichung (*l'accord*) des *partcipe passé*	Nous sommes allé en Bretagne. *(falsch)*
	Nous sommes all**és** en Bretagne. *(richtig)*
Futur Simple und *Conditionnel I*	Si tu ne viens pas, je ne t'écrirais plus. *(falsch)*
	Si tu ne viens pas, je ne t'écrir**ai** plus. *(richtig)*
Quel / *quelle* / *quels* / *quelles*	Je ne sais plus quel question je voulais poser. *(falsch)*
	Je ne sais plus **quelle** question je voulais poser. *(richtig)*

Akzente

Natürlich kannst du Akzente nicht nach deinem persönlichen Zufallsgenerator setzen. Akzente haben einen Sinn und meist einen Einfluss auf die Aussprache. Deshalb kann man oft „hören", welche Akzente auf ein Wort gesetzt werden müssen!

` Der **accent grave (è)** führt innerhalb eines Wortes immer zu einer offenen Aussprache [ɛ]: *le père*, *la mère*, *le frère*.
Er steht außerdem immer am Ende eines Wortes vor „-s": *après*, *très*, *le progrès*. Ohne Einfluss auf die Aussprache ist der Akzent bei *ou* (oder) bzw. *où* (wo). Aber du kennst bestimmt die Eselsbrücke: „Auf der Oder schwimmt kein Graf." (*ou* = oder, Graf = *accent grave*).

´ Der **accent aigu (é)** bewirkt immer ein geschlossenes [e], wie z. B. bei *le thé.* Sprich einmal deutlich aus: *le thé* und *l'été*. Wichtig ist, dass du in der Aussprache zwischen dem kurzen [ə] von *le* und dem [e] in einem Wort wie *le thé* unterscheidest.

^ Nur kurz erwähnt werden soll das „Dach", der **accent circonflexe**, der bei manchen Wörtern über einem Vokal steht: *la pâte*, *être*, *l'île*, *l'hôtel*, *être sûr(e)*.

ç Außerdem gibt es das Häkchen (**la cédille**) unter dem „c" vor den Vokalen „a", „o" und „u" (*ça*, *nous commençons*, *il a reçu*). Die Funktion ist die eines „Weichmachers", denn es bewirkt, dass das „c" als [s] gesprochen wird und nicht als [k].

2 Auf der Oder schwimmt kein Graf
Wende die Eselsbrücke zu ou/où bei den folgenden Sätzen an!

Cet après-midi, je vais jouer au tennis __________ rendre visite à Pierre.

Je sais ________ se trouvent les clés de la voiture.

Unterschiedliche Schreibung von gleich gesprochenen Wörtern

Sieh dir die folgenden Wörter an:

le mètre, le maître (Aussprache immer [ɛ])
tôt, les chevaux, le mot, le couteau, l'eau (Aussprache immer [o]

Das Französische hat verschiedene Möglichkeiten, einen Laut in die Schriftsprache umzusetzen. Manchmal kann man nicht aus der Aussprache eines Lautes auf die Schreibung schließen. Das französische Wort für das Wüstentier Dromedar wird beispielsweise „dromadär" ausgesprochen. Diese Aussprache könnte zu den Schreibungen *le dromadère*, *le dromadaire* oder auch *le dromadair* führen. Richtig ist *le dromadaire*, aber diese Schreibung muss man einfach lernen.

3 Das Ende ist wichtig
Welches ist hier die richtige Schreibung? Kreuze an!

◯ batau	◯ appareij	◯ exemplère	◯ baguette
◯ battot	◯ appareil	◯ exemplaire	◯ bagette
◯ bateau	◯ appareille	◯ exemplére	◯ baguètte

TIPP Die häufigsten Fehler treten in der Endsilbe auf. Also: Konzentriere dich auf das Wortende!

Angleichung der Verbform an das Subjekt

Oft entstehen Fehler beim Schreiben, weil das Subjekt eines Satzes nicht in Übereinstimmung mit der Endung der Verbform steht. Das Subjekt bestimmt immer die Verbendung! Hier siehst du ein Beispiel:

A cause du mauvais temps, les élèves restent à la maison.
Les filles sont fatiguées. C'est pourquoi le moniteur leur propose une petite pause.

4 Subjekt und Verb

Suche in der folgenden Übung das Subjekt und unterstreiche es!
Wähle anschließend die richtige Verbform aus!

1. Les touristes (n'aiment pas / n'aime pas) les endroits bruyants.
2. Souvent, les villes (interdisent / interdit) les radios à la plage.
3. Un jour, un jeune homme (ont apporté / a apporté) une radio portable.
4. Il (ont / a) allumé l'appareil.
5. La musique (était / étaient) vraiment forte.
6. Comme on (pouvait / pouvaient) le penser, il y (avaient / avait) des personnes qui (a / ont) commencé à protester.
7. La discussion entre le jeune homme et les touristes (avaient / avait) duré longtemps.
8. Mais finalement, le jeune homme (ont / a) quitté la plage.

TIPP

Das Subjekt ist der Satzteil, nach dem du mit „Wer?" oder „Was?" fragst.

Endungen der regelmäßigen Verben im Präsens

Eine häufige Fehlerquelle sind die Endungen der Verben im Präsens. Deshalb ist es wichtig, die korrekte Konjugation zu lernen.

Nur die Verben auf -er sowie ouvrir und offrir haben im Präsens die Verbendungen **-e**, **-es**, **-e**, **-ons**, **-ez**, **-ent**.
Alle anderen regelmäßigen Verben enden auf **-s**, **-s**, **-d / t**, **-ons**, **-ez**, **-ent**.

5 Endungen

Vervollständige zur Übung die Verbformen!

1. Pierre et Mireille cherch_____ la cassette mais ils ne la trouv_____ pas.
2. Leur père arriv_____ pour les aid_____ .
3. Mais après quelques minutes, il par_____ parce que le téléphone sonne.
4. C'es_____ Yvonne à l'appareil.
5. Elle croi_____ que ses amis de Bretagne doiv_____ lui rendre visite l'après-midi.

Endung des Infinitivs auf „*-er*“

Die Schwierigkeit in der Schreibung der Verbendungen entsteht dadurch, dass die Aussprache von **-er**, **-ez**, **-é**, **-és**, **-ée**, **-ées** gleich ist, nämlich ein geschlossenes [e].

Du schreibst den Infinitiv, also **-er**:
- nach einer Präposition: **Je commence déjà à manger**.
- wenn eine konjugierte Verbform (aber nicht **avoir** oder **être**) vorausgegangen ist: **Lucien peut utiliser l'ordinateur**.

Du schreibst **-ez**:
- bei der 2. Person Plural Präsens: **Vous cherchez le disque?**
- bei der 2. Person Plural Futur: **Vous trouverez l'enveloppe.**
- beim Imperatif Plural: **Restez tranquille!**

Du schreibst **-é**, **-és**, **-ée**, **-ées**:
- für ein Partizip der Vergangenheit:
  Louis a vraiment bien chanté.
  Geneviève est allée voir le professeur.
  Tous les élèves sont arrivés en retard.
  Les filles sont entrées dans la salle sans saluer les autres.

6 Noch mehr Endungen
Kannst du jetzt diesen Lückentext ausfüllen?

1. D'abord, j'ai jou______ à l'ordinateur, ensuite j'ai commenc______ à faire mes devoirs.
2. Ma sœur est arriv______ un peu plus tard.
3. Mais nous ne pouvons pas travaill______ ensemble.
4. Ne cherch______ pas les raisons pour cela.
5. Vous ne les trouver______ jamais.

De nach Mengenangaben/Verneinung

Nach Mengenangaben und nach der Verneinung steht immer die Präposition **de** (vor einem Vokal „**d'**“):

Je n'achète pas de fruits.
A la maison, j'ai un kilo de bananes.
Hier, j'ai bu trois bouteilles de coca.
Et moi, trois bouteilles d'eau.
A la fin de ce mois, je n'ai plus d'argent.

7 Die Präposition *de*
Übersetze die folgenden Sätze.

1. Heute kaufe ich eine DVD (le DVD).
2. Ich esse keine Früchte.
3. Vergiss nicht, zwei Kilo Orangen zu kaufen.
4. Wo ist die Cola-Flasche?
5. Wenn wir eine Reise machen, nehme ich meine Wasserflasche mit.

TIPP

Hier noch ein Hinweis: „Ich habe keine Lust.“ heißt auf Französisch *Je n'ai pas envie*. „Ich habe keinen Hunger.“ heißt *Je n'ai pas faim.* und „Ich habe keinen Durst.“ *Je n'ai pas soif*. Also, immer ohne **de**.

Ce, *ces* und *se*, *ses*

Die Formen ce und se sowie ces und ses werden zwar gleich ausgesprochen, haben aber eine ganz unterschiedliche Bedeutung und Funktion.

Form	Funktion	Anwendung	Beispiel
ce [sə]	Demonstrativpronomen *l'adjectif démonstratif* Man zeigt auf etwas und möchte sagen: dieses (und kein anderes)!	**Ce** steht vor einem männlichen Substantiv im Singular. **Ce** steht häufig vor *qui* oder *que*. **Ce qui/ce que** heißt dann „das, was".	▸ **ce livre, ce jardin, ce stylo** ▸ **Je sais ce que je veux.** ▸ **Je mange toujours ce qui est bon.**
se [sə]	Reflexivpronomen *la forme pronominale* Man verwendet ein reflexives Verb, z. B. sich vorstellen: Monique stellt sich heute Abend vor.	**Se** steht bei der 3. Person Singular oder Plural eines reflexiven Verbs *(le verbe pronominal)* wie z. B. *se baigner, se présenter* Achtung! Vor einem Verb mit Vokal („a", „e", „i", „o", „u") wird **se** immer zu **s'**.	▸ **Monique se présentera ce soir.** ▸ **Pendant les vacances, Julie se baigne toute la journée.** ▸ **Le nouvel élève s'appelle Pierre.**
ces [se]	Demonstrativpronomen *l'adjectif démonstratif* Man zeigt auf etwas und möchte sagen: diese Dinge!	**Ces** ist die einzige Pluralform und steht bei männlichen und weiblichen Substantiven.	▸ **J'aime bien ces chansons.** ▸ **Ces montres me plaisent.**
ses [se]	Possessivpronomen *l'adjectif possessif* Man möchte sagen: Das sind seine/ihre Gegenstände	**Ses** wird immer dann verwendet, wenn eine Person mehrere Gegenstände „besitzt".	▸ **Jeanine me montre ses photos.**

8 Ce, ces und se

Versuche gleich einmal, diese Informationen bei der folgenden Übung anzuwenden!

1. Mon père ______'est adressé à la vendeuse.
2. Ma mère ne dit jamais ______ qui lui plaît.
3. Quand j'ai vu l'accident, ______'était terrible.
4. ______livre de Harry Potter ______ vend bien.
5. Je ne connais pas ______ règles.
6. Les Dupont ______'achètent une nouvelle voiture.
7. ______'est super.
8. Les personnes de la rue Lamartine ne ______ connaissent pas.
9. Le foot, ______'est vraiment son sport préféré.

Tout und *tous*

Auch bei diesem Problem ist sowohl eine richtige Aussprache als auch Regelkenntnis für die korrekte Schreibung wichtig.

a. **Tout** [sprich: tu] heißt „ganz"!
Das „t" am Ende wird nie gesprochen. Das Wort ist **unveränderlich**, denn es ist ein Adverb. Ihm folgt stets ein Adjektiv:

Je suis tout content.	Ich bin ganz zufrieden.
Marie est tout heureuse.	Marie ist ganz glücklich.

Unveränderliche Ausdrücke:

tout le monde	alle
tout à coup	plötzlich
tout à fait	völlig, ganz

b. **Tout** [sprich: tu], **toute** [tut], **tous** [tus],**toutes** [tut] beziehen sich immer auf ein Nomen! Die Schreibung richtet sich immer nach dem Nomen, das folgt. Hier kann man mit „alle" oder „ganz" übersetzen. Der Form **tout**, **toute**, **tous**, **toutes** folgt immer der bestimmte Artikel (**le**, **la**, **les**) und dann das Nomen:

J'ai lu tout le livre.	Ich habe das ganze Buch gelesen.
Ma sœur a attendu toute la journée	Meine Schwester hat den ganzen Tag gewartet.
Tous les élèves sont malades.	Alle Schüler sind krank.
Toutes les filles ont commencé à chanter.	Alle Mädchen haben angefangen zu singen.

9 Adjektiv oder Nomen?
Hast du den Unterschied verstanden? Teste dich selbst und übersetze!

1. Pierre und Marie sind ganz neugierig (*curieux*).
2. Max hat den ganzen Morgen geschlafen.
3. Alle Lehrer (*les enseignants*) haben das Buch gelesen.
4. Sie sind alle glücklich.
5. Ich bin völlig einverstanden mit Pierre.
6. Alles, was du sagst, ist falsch.
7. Wohin gehen alle diese Menschen (*les gens*)?

Leur und *leurs*

a. **Leur** hat zwei Funktionen:

- **Leur** ist **indirektes Objektpronomen** (*pronom d'objet indirect*).
  Erklärung: steht für Dinge oder Personen, die vorher genannt wurden

  Tu passes la photo à Pierre et Yvette? Oui, je leur passe la photo.

- **Leur** ist **besitzanzeigendes Fürwort** (*adjectif possessif indirect*).
  Es gibt mehrere Besitzer, die einen Gegenstand besitzen.

  Tu connais les Durand? Voilà leur voiture.

b. **Leurs** (mit „-s") ist immer **besitzanzeigendes Fürwort** (*adjectif possessif indirect*).
Es gibt mehrere Besitzer, die mehrere Gegenstände besitzen.

Les Piafs (quatre personnes) cherchent leurs raquettes de tennis (quatre raquettes).

10 Luc et Suzanne
Welche Formen würdest du hier einsetzen?

Luc et Suzanne sont venus me voir.

1. Je ______________ ai donné ma disquette avec les devinettes.
2. ______________ ordinateur est un vieux modèle.
3. Mais ______________ collection de BD est vraiment bien.
4. ______________ parents ne sont pas toujours contents parce que Luc et Suzanne n'aiment pas toujours ranger ______________ livres.
5. Mais cela ______________ est égal.

Imperativ Singular

Gerade wenn du eine freie Schreibaufgabe bearbeitest, kann es vorkommen, dass du die Befehlsformen verwendest. Die folgenden drei Regeln können dir helfen, Fehler bei der Schreibung zu vermeiden.

a. Bei den Verben auf „**-er**" und bei offrir und ouvrir hat der Imperatif im Singular **kein „-s"**.
Cherche le livre! Ouvre la fenêtre! Va à la gare!

b. Bei allen anderen Verben endet der Infinitiv auf „**-s**".
Finis ta soupe! Rends le livre! Promets de revenir!

c. **Achtung**: Diese Formen sind **unregelmäßig**!
avoir – aie **être – sois** **savoir – sache**

11 Schreib auf!
Wende die drei Regeln an und bilde die Imperativformen!

1. Je ne veux pas copier le texte.
2. Je ne mangerai pas la salade.
3. Je ne me souviens pas.
4. Je n'éteins pas la radio.
5. Je ne veux pas aller chez le médecin.
6. Je ne veux pas être gentil.

Die Angleichung (*l'accord*) des *partcipe passé*

Viele Fehler in der Schreibung treten auf, weil bei zusammengesetzten Zeiten der Vergangenheit (*passé composé*, *plus-que-parfait*) die Endung des Partizips nicht richtig gemacht wurde.

Verben mit être
Die Veränderung richtet sich nach Numerus (Anzahl) und Genus (Geschlecht) des Subjekts:
Singular: zusätzliches „**-e**" bei weiblichem Subjekt
Plural: zusätzliches „**-s**" bei männlichem Subjekt
zusätzliches „**-es**" bei weiblichem Subjekt

Pierre est tombé.
Marie est rentrée à 8 heures du soir.

Pierre et son frère sont sortis.
Juliette et Pascale sont arrivées à Bordeaux en avion.

Verben mit avoir
Nur bei einem **vorangestellten Objekt** wird verändert, sonst nicht! Die Veränderung richtet sich nach Numerus (Anzahl) und Genus (Geschlecht) des vorangestellten Objekts:
Singular: zusätzliches „-e" bei weiblichem Subjekt
Plural: zusätzliches „**-s**" bei männlichem Subjekt
zusätzliches „**-es**" bei weiblichem Subjekt

Ein vorangestelltes Objekt, also ein Objekt, das vor das Verb gestellt wird, tritt auf:

- als direktes Objektpronomen: **le**, **la**, **les**
  Les filles? Je les ai vues il y a une heure.
- bei einer Frage mit **quel**
  Quelle voiture as-tu achetée?
- bei einer Frage eingeleitet mit **combien de** ...
  Combien de livres est-ce que tu as achetés?
- bei reflexiven Verben als vorgestelltes Pronomen
  me, **te**, **se**, **nous**, **vous**, **se** (wenn kein direktes Objekt folgt)
  Monique s'est lavée.

12 Jocelyne
Hier sind einige Sätze, an denen du überprüfen kannst, ob du die Regeln verstanden hast und anwenden kannst. Verändere das Partizip, wenn notwendig!

Je m'appelle Jocelyne.
1. Hier, j'ai regardé ______ la télé.
2. Je me suis bien amusé ______ parce que la présentatrice a raconté ______ des histoires drôles.
3. Je les avais déjà entendu ______ , mais je les avais oublié ______ entre-temps.
4. Combien d'histoires est-ce qu'elle avait raconté ______ ? Je ne me souviens plus du nombre exact.
5. Et toi, Jean, combien de livres est-ce que tu as lu ______ depuis notre dernière rencontre?

Futur simple und *conditionnel I*

Eine falsche Schreibung kann sich leicht einstellen, wenn du dir eine falsche Aussprache angewöhnt hast. Du musst deutlich unterscheiden zwischen

Futur simple: **Je fermerai [e] la fenêtre.** und
Conditionnel I: **Je fermerais [ɛ] la fenêtre si tu le demandais [ɛ].**

TIPP
Ein „-ais“ oder „-ait“ spricht sich gleich als offenes [ɛ].

Besonders wichtig sind das aufmerksame Hören und die korrekte Aussprache bei den irrealen Bedingungssätzen (*Si*-Sätzen III). Hier treffen nämlich die *Imparfait*-Form (im mit *si* eingeleiteten Nebensatz) und das *Conditionnel I* innerhalb eines Satzgefüges zusammen.

S'il arrivait, j'arrêterais de faire mes devoirs

13 Alles verstanden?
Übersetze doch einmal die folgenden Sätze!

1. Murielle wird in der nächsten Woche eine Klassenarbeit (*une interro*) schreiben.
2. Wir werden unsere Hausaufgaben nach der Schule machen.
3. Die Mädchen würden lieber (*préférer+Infinitiv*) ins Kino gehen.
4. Wenn Pascal kommt, werden wir zusammen (*ensemble*) an den Strand gehen.
5. Wenn es regnen sollte, würden wir zu Hause bleiben.

Si-Sätze

Bedingungssätze (*Si*-Sätze) kommen im Alltag häufig vor. Diese Satzkonstruktionen bestehen aus einem Hauptsatz und einem mit *si* eingeleiteten Nebensatz. Die Abfolge Hauptsatz-Nebensatz kann auch umgedreht werden. Die *Si*-Sätze sind eigentlich einfach, wären da nicht die Zeiten im Haupt- und Nebensatz, die klar vorgeschrieben sind.

Typ der Bedingung	Tempus des Si-Satzes	Tempus des Hauptsatzes
Reale Erwartung (*Si*-Satz I) **S'il pleut, je resterai à la maison.** Wenn es regnet, bleibe ich zu Hause.	présent	futur
Überlegen einer Möglichkeit (*Si*-Satz II) **Si je gagnais au loto,** **je m'achèterais une voiture.** Wenn ich im Lotto gewinnen sollte, würde ich mir ein Auto kaufen.	imparfait	conditionnel I

Es gibt noch einen Typ von Bedingungssatz (*Si*-Satz III), der eine in die Vergangenheit gerichtete Bedingung ausdrückt:

S'il avait plu, je serais resté à la maison.
Wenn es geregnet hätte, wäre ich zu Hause geblieben.

Die zu verwendenden Zeiten sind hier das *plus-que-parfait* und das *conditionnel II*. Du solltest aber erst einmal Sicherheit in der Anwendung der ersten beiden Typen von Bedingungssätzen gewinnen. Wichtig ist, dass du schnell und sicher bestimmen kannst, ob es sich um eine Realität oder das Erwägen einer Möglichkeit handelt.

14 Realität oder Möglichkeit?

Hier sind einige Übungssätze. Bestimme, ob es sich um eine Realität (*Si*-Satz I) handelt oder um die Erwägung einer Möglichkeit (*Si*-Satz II) und übersetze!

1. Wenn ich Peter treffe, bin ich froh.
2. Wenn ich morgen keinen Unterricht habe (*avoir cours*), spiele ich Fußball.
3. Wir würden in den Ferien nach Paris fahren, wenn mein Vater nicht arbeiten müsste.
4. Ich würde dieses Buch kaufen, wenn es nicht so teuer wäre.

Quel / quelle / quels / quelles

Die verschiedenen Formen gehören zu dem selben Fragewort: **quel** (welcher/welche/welches). Nach der Form von **quel** folgt immer ein Nomen. Dieses Nomen bestimmt die Form (männlich/weiblich, Singular/Plural) von **quel**.

- bei einem männlichen Nomen im Singular: **quel**

  Quel est ton anorak préféré?

- bei einem weiblichen Nomen im Singular: **quelle**

  Quelle heure est-il?

- bei einem männlichen Nomen im Plural: **quels**

  Quels livres est-ce que tu as lus pendant les vacances?

- bei einem weiblichen Nomen im Plural: **quelles**

  Quelles voitures est-ce que tu aimes le plus?

15 Quel + ?

Überprüfe den Fehlertext: Sind alle Formen von *quel* richtig? Denke daran: Suche das auf *quel* folgende Nomen und überprüfe, ob die Form von *quel* daran angepasst ist!

1. Pierre a longtemps réfléchi quel livre était le plus intéressant.
2. Ensuite il a regardé par la fenêtre et il a vu une petite fille. Quels âge avait-elle?
3. A côté d'elle, il y avait un petit chien. Mais de quelles couleur était-il?
4. Le professeur a demandé aux élèves quels intérêts ils avaient et quel musique ils aimaient. Finalement, il voulait savoir quels matières ils préféraient.

Grammatikfehler in einem Satz vermeiden: nach rechts und links schauen

Wir lesen und schreiben im Gegensatz zu anderen Völkern von links nach rechts. Deshalb geht unsere Aufmerksamkeit meist nach rechts, auf das folgende Wort. Beim Schreiben solltest du in einem Satz aber unbedingt in beide Richtungen schauen – **von links nach rechts**, aber auch **von rechts nach links**. Einerseits musst du die Verknüpfungen von einem Wort zum nächsten im Auge haben, andererseits aber auch zur Kontrolle rückwärts lesen. Hier siehst du zwei Beispiele:

Stell dir vor, du hast diesen Satz geschrieben und möchtest ihn auf (Grammatik-)Fehler hin überprüfen:

Les idées que Pascal avait expliquées étaient bonnes.

←————————————————→

Die grammatische Form des Subjekts *idées* (weiblich, Plural) muss man im Kopf behalten, denn sie ist für mehrere Stellen im Satz wichtig. Du musst dich vergewissern, dass die Endungen der Wörter, die von dem Subjekt abhängen, mit dem Numerus und dem Genus des Subjekts übereinstimmen:

- Das Partizip **expliqué** muss verändert und mit „-es“ am Ende geschrieben sein, da das Bezugswort **les idées** vor dem **que** steht: also **expliquées**.
- Das Verb **être** muss ebenfalls an das Subjekt **les idées** angeglichen sein und in der richtigen Form, der 3. Person Plural, stehen: also **étaient**.
- Das Adjektiv **bon** muss natürlich auch an das weibliche Subjekt im Plural angeglichen sein: also **bonnes**.

Also: Der Satz ist korrekt.

Nimm z. B. den folgenden Satz, den ein Schüler in sein Heft geschrieben hat.

Pascale ne appelle pas le mercredi.

Wie ist dieser falsche Satz zustande gekommen? Der Schüler fängt an zu schreiben, und sagt sich, dass er etwas verneinen will. Also schreibt er schon einmal *ne*, ohne schon genau zu wissen, welches Verb er nehmen will. Nach kurzer Überlegung schreibt er die Verbform und bringt den Satz zu Ende. Hier wäre es wichtig gewesen, von der Verbform aus noch einmal zurückzuschauen. Dann hätte der Schüler gemerkt, dass er bei *ne* vergessen hat zu apostrophieren (richtig: Pascale n'appelle pas le mercredi.)

TIPP

Ein ganz wichtiger Hinweis zum Schluss. Wenn du schon in Frankreich gewesen bist, hast du vielleicht Formen gehört wie:

J'ai pas le temps.
T'as vu cette photo?

Dieses sind Formen der gesprochenen Sprache. In der Schriftsprache wären diese Sätze natürlich grammatisch falsch, in der gesprochenen Sprache sind sie aber erlaubt.

16 Grammatikaufgabe
Schreibe die beiden Sätze der gesprochenen Sprache in der grammatikalisch richtigen Form!

17 Richtige Schreibung

Markiere das richtig geschriebene Wort und schreibe es selbst noch einmal ab!

			deine Schreibung
le chaif	le chef	le cheffe	
le soldas	le solda	le soldat	
l'escalier	l'escalié	l'escaillé	
le chièn	le chien	le chiain	
les treins	les traints	les trains	
le paqué	le paccé	le paquet	
le caffè	le café	le cafè	
dur	dyre	dùr	
la chambr	la chambre	la chambré	
la boutaille	la bouteille	la boudeile	
savoar	savoire	savoir	
hier	hière	hiaire	
les cheveu	les cheveus	les cheveux	
la neige	la nège	la naige	
le cha	le chat	le chate	

18 Wortendungen

Ergänze die richtige Endung und schreibe das Wort noch einmal auf!

1. bur → o / au / eau ______________

2. ann → eé / ée / è ______________

3. chocol → as / a / at ______________

4. bâti → man / men / ment ______________

5. crist → alle / all / al ______________

19 Ss", „s", „c" oder „ç"?
Suche die Wörter im Wörterbuch und ergänze „ss", „s" oder „ç"!

1. nous commen______ons
2. une annon______e
3. une a______iette
4. la répon______e
5. la fa______on
6. un pa______ant
7. re______ter
8. pen______er
9. la cour______e
10. une chau______ure
11. la cla______e

20 Einen Satz ergänzen
Finde zu dem jeweiligen Satzanfang die richtige Ergänzung! Verbinde die Teile durch einen Pfeil!

1. Le centre d'Avignon	**a.** se reposent à Nice.
2. Gisèle et toi	**b.** me plaît beaucoup.
3. Est-ce vrai que	**c.** vous avez acheté une vieille ferme?
4. Mes parents	**c.** bloque une petite rue devant l'église.
5. Un car de touristes	**d.** tu aimes la Provence?

Brief an den Präsidenten

21 Brief an den Präsidenten
Versuche, in dem Brief an den Präsidenten Frankreichs alle Rechtschreibfehler zu finden. Schreibe den Brief anschließend noch einmal richtig ab.

Schär Müsjö Sackosie,

Je m'appel Mark Soller et j'apprende la langu francaise depüi un ans. Je vous pri d'excuse me fautes de français. J'ai quelque questions parce que mon profeseur m'a demandé de vous adresser une letre. Voici mes question:
- Est-ce que vous aime votre travaill?
- Combien de secrétaire est-ce que vous a?
- Vous manger des pommes fritz de temps en temps?
- Est-ce que vous et votre femme aiment Céline Dion?
- Ou ets se que vous passer vos vacance?
- Connaisser-vous l'Allemagne?
- Combien de langues parle-vous?
- Est-ce que vous avez beaucoup d'enfant?

S'était me questions. Merci de votre réponse.
Aux revoir.
Avec mes salutation respektueuses
P.S. L'anné prochaine, notre classe serat à Paris!

Lösungen

KAPITEL 1: EINEN BRIEF SCHREIBEN – MIT SYSTEM ZUM EIGENEN TEXT

1 S. 2 Eine Postkarte

Dies ist nur eine mögliche Lösung!

Chère Michelle,
Depuis une semaine, je suis à Soulac en France. Il fait très beau et chaque jour, je peux me baigner. Je n'ai pas envie de rentrer samedi prochain. J'espère que tu vas bien.
Salut
Peter

4 S. 6 La Martinique

Dies ist nur eine mögliche Lösung!

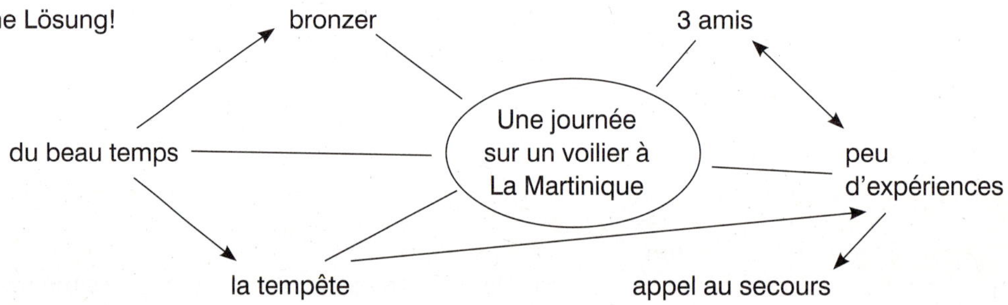

5 S. 7 Satzverknüpfung

Mon frère est arrivé tard dans la nuit à Limoges. **Donc**, les transports urbains ne fonctionnaient plus. **Mais**, il avait les taxis qui circulaient. **Alors**, il en a appelé un.

6 S. 9 Eine Postkarte aus dem Elsass

Dies ist nur eine mögliche Lösung!

Cher Pierre,
Depuis trois jours, je suis an Alsace. Le paysage me plaît beaucoup. Surtout les petits villages alsaciens. J'ai déjà visité Strasbourg et Colmar. Pendant la journée, il ne fait pas très chaud. Le temps n'est pas stable. Il y a du soleil, mais souvent, il y a aussi de la pluie.
Salut
Julia

7 S. 11 Einen Text korrigieren

Hier, j'ai rencontré un vieux monsieur. Il se promenait avec un petit chien noir. Il portait un grand sac noir dans sa main droite. Il avait d'énormes problèmes de marcher et il s'arrêtait très souvent. Son chien le tirait beaucoup. J'ai vu qu'il s'est installé sur un banc blanc qui était un peu sale.

KAPITEL 2: EINEN FREIEN TEXT SCHREIBEN – VON DEN GEDANKEN ZUM TEXT

1 S. 17 Pariser Bauwerke

Dies sind mögliche Lösungen!

a. Sachtext
L'église Notre-Dame se trouve au centre de Paris près de l'Hôtel de Ville. Cette église fut construite à partir de 1163. Chaque jour, il y a des centaines de touristes qui visitent ce monument qui fait partie des monuments les plus célèbres de la capitale de la France.

b. Dialog Tour Eiffel – Arc de Triomphe
TE: Salut cher ami Arco. Comment vas-tu?
AT: Ah, salut Eiffelia. Je ne peux pas me plaindre. Maintenant au mois de novembre, il y a heureusement moins de touristes. Et toi? Qu'est-ce que tu racontes?
TE: Ici, pas de pause. Les touristes arrivent sans cesse. Aujourd'hui, il y avait trois cars de Japonais. Il y avait du brouillard, mais ils voulaient tous monter à la deuxième plate-forme.
AT: Il y a du brouillard? Je ne l'ai pas remarqué ici en bas. Mais ces voitures ... A propos, est-ce que tu as déjà vu la nouvelle voiture sport de Renault? Suuuuper.
TE: Non, je ne l'ai pas encore vue. Et je ne m'intéresse pas vraiment aux voitures. Alors, à la prochaine fois. Salut!

c. Brief Stadtrundgang
Cher Marc,
Aujourd'hui, j'ai passé ma journée à visiter quelques monuments de Paris. Le matin, j'ai pris un bateau-mouche et j'ai vu l'Ile de la Cité, une petite île sur la Seine qui est très jolie. Après, je suis allé au Louvre pour voir la Joconde. A midi, j'ai mangé dans un bistrot près du Jardin du Luxembourg. Ensuite, j'ai pris le métro pour aller voir la Tour Eiffel. C'est super. J'étais déjà fatigué, mais je suis encore allé dans le quartier des Halles. Tous ces magasins ... Mais le soir, je ne suis pas allé à l'Opéra. J'étais vraiment trop fatigué.
A bientôt Pascal

KAPITEL 3: EIN RÉSUMÉ SCHREIBEN – SICH KURZ FASSEN

1 S. 23 Résumé Londres

Dies ist eine mögliche Lösung!

Dans le texte «Trois semaines à Londres», un extrait du roman écrit par Laurence Cossé et publié en 2004, une jeune fille de quinze ans parle de la situation de sa famille. Elle vit avec sa mère mais elle ne se sent pas aimée. Le père travaille beaucoup. La fille reproche à sa mère de ne pas l'aimer et de penser uniquement à un demi-frère nommé Paul.
La mère a eu cet enfant d'un premier mariage. Quand elle s'est remariée, le comportement de Paul a beaucoup changé. Il ne parlait pas au mari de sa mère et il n'a plus travaillé à l'école. Il avait un seul intérêt, c'était la peinture. Un jour, quand la fille qui raconte l'histoire a sept ou huit ans, Paul a quitté la maison et on a appris qu'il s'était rendu à Londres.

2 S. 24 Résumé parachutisme

Dies ist eine mögliche Lösung!

Le texte «La tête dans les nuages», paru dans Phosphore en 2002, est un reportage sur une jeune fille, Astrid, qui pratique un sport extrême, le parachutisme.
Elle a commencé à faire du parachutisme à l'âge de 17 ans à Lyon. Avant de commencer un stage de formation, elle avait besoin de l'accord de ses parents et d'un examen médical.
C'est un sport qui demande beaucoup de discipline mais qui offre des sensations extraordinaires. Astrid raconte qu'elle a vécu une situation dangereuse parce qu'elle a perdu toute orientation. Elle avait donc oublié d'ouvrir son parachute. Mais son parachute automatique avait bien fonctionné. Après cela, elle a tout de suite recommencé à sauter.

3 S. 24 Texto

Bonjour, vous avez le temps pour un cafè ?
O.k. mais pas avant 18 heures, j'ai du boulot.
Rendez-vous pour une tasse de café.
A plus (tard).

4 S. 25 Grammatikaufgabe

Muriel demande à Pascal s'il connaît l'indicatif de l'Allemagne.
Pascal répond qu'il pense que c'est le 0049.
Muriel dit qu'elle ne se souvient plus.
Elle demande si elle doit faire le 0 quand elle fait le numéro d'un portable.
Pascal répond qu'elle ne doit pas faire le 0.
Muriel dit que c'est terrible et qu'elle n'arrive pas à envoyer son SMS à Manuela.
Pascal dit qu'elle doit attendre quelques minutes et qu'il va l'aider.

KAPITEL 4: SCHÄR MÜSJÖ SACKOSIE – EINEN TEXT ÜBERARBEITEN

1 S. 26 Der Fehlerteufel

Korrigierter Text

Anke,
J'ai bien reçu ton e-mail avec les **informations** de ton arrivée le 14 septembre. Je vais **aller** te chercher **à l'aéroport**.
Moi, je n'**ai** encore rien fait pour me préparer au cours. Mais cela ne **m'intéresse** pas beaucoup.
Je t'embrasse
Thierry

2 S. 28 Auf der oder schwimmt kein Graf

Cet après-midi, je vais jouer au tennis **ou** rendre visite à Pierre.
Je sais **où** se trouvent les clés de la voiture.

3 S. 28 Das Ende ist wichtig

bateau
appareil
exemplaire
baguette

4 S. 29 Subjekt und Verb

1. Les touristes **n'aiment pas** les endroits bruyants.
2. Souvent, les villes **interdisent** les radios à la plage.
3. Un jour, un jeune homme **a apporté** une radio portable.
4. Il **a** allumé l'appareil.
5. La musique **était** vraiment forte.
6. Comme on pouvait le penser, il y **avait** des personnes qui **on**t commencé à protester.
7. La discussion entre le jeune homme et les touristes **avait** duré longtemps.
8. Mais finalement, le jeune homme **a** quitté la plage.

5 S. 29 Endungen

1. Pierre et Mireille cherch**ent** la cassette mais ils ne la trouv**ent** pas.
2. Leur père arriv**e** pour les aid**er**.
3. Mais après quelques minutes, il par**t** parce que le téléphone sonne.
4. C'es**t** Yvonne à l'appareil.
5. Elle croi**t** que ses amis de Bretagne doiv**ent** lui rendre visite l'après-midi.

6 S. 30 Noch mehr Endungen

1. D'abord, j'ai jou**é** à l'ordinateur, ensuite j'ai commencé à faire mes devoirs.
2. Ma sœur est arriv**ée** un peu plus tard.
3. Mais nous ne pouvons pas travaill**er** ensemble.
4. Ne cherch**ez** pas les raisons pour cela.
5. Vous ne les trouver**ez** jamais.

7 S. 30 Die Präposition *de*

1. Ajourd'hui, j'achète un DVD.
2. Je ne mange pas de fruits.
3. N'oublie pas d'acheter deux kilos d'oranges.
4. Où est la bouteille de coca.
5. Quand nous faisons un voyage, j'emmène toujours ma bouteille d'eau.

8 S. 31 Ce, ces und se

1. Mon père **s**'est adressé à la vendeuse.
2. Ma mère ne dit jamais **ce** qui lui plaît.
3. Quand j'ai vu l'accident, **c**'était terrible.
4. **Ce** livre de Harry Potter se vend bien.
5. Je ne connais pas **ces** règles.
6. Les Dupont **s**'achètent une nouvelle voiture.
7. **C**'est super.
8. Les personnes de la rue Lamartine ne **se** connaissent pas.
9. Le foot, **c**'est vraiment son sport préféré.

9 S. 32 Adjektiv oder Nomen?

1. Pierre et Marie sont **tout** curieux.
2. Max a dormi **toute** la matinée (**tout** le matin).
3. **Tous** les enseignants ont lu le livre.
4. Ils sont **tous** heureux / Elles sont **toutes** heureuses.
5. Je suis **tout** à fait d'accord avec Pierre.
6. **Tout** ce que tu dis est faux.
7. Où vont **tous** ces gens?

10 S. 33 Luc et Suzanne

1. Je **leur** ai donnné ma disquette avec les devinettes.
2. **Leur** ordinateur est un vieux modèle.
3. Mais **leur** collection de BD est vraiment bien.
4. **Leurs** parents ne sont pas toujours contents parce que Luc et Suzanne n'aiment pas toujours ranger **leurs** livres.
5. Mais cela **leur** est égal.

11 S. 33 Schreib auf!

1. Copie le texte.
2. Mange la salade.
3. Souviens-toi.
4. Eteins la radio.
5. Va chez le médecin.
6. Sois gentil.

12 S. 34 Jocelyne

1. Hier, j'ai regardé la télé.
2. Je me suis bien amusé**e** parce que la présentatrice a raconté des histoires drôles.
3. Je les avais déjà entendu**es**, mais je les avais oubli**ées** entre-temps.
4. Combien d'histoires est-ce qu'elle avait racont**ées**?
5. Et toi, Jean, combien de livres est-ce que tu as lu**s** depuis notre dernière rencontre?

13 S. 35 Alles verstanden?

1. Murielle écrira une interro la semaine prochaine.
2. Nous ferons nos devoirs après l'école.
3. Les jeunes filles préfèreraient aller au cinéma.
4. Quand Pascal arrive, nous irons ensemble à la plage.
5. S'il pleuvait, nous resterions à la maison.

14 S. 36 Realität oder Möglichkeit?

1. Si-Satz I: Si je rencontre Pierre je serai heureux/heureuse.
2. Si-Satz I: Si je n'ai pas cours demain je jouerai au football.
3. Si-Satz II: Pendant les vacances nous irions à Paris, si mon père ne devait pas travailler.
4. Si-Satz II: J'achèterais ce livre s'il n'était pas si cher.

15 S. 36 Quel + ?

1. Pierre a longtemps réfléchi quel livre était le plus intéressant.
   (richtige Form)
2. Ensuite il a regardé par la fenêtre et il a vu une petite fille. <u>Quels</u> âge avait-elle?
   (<u>Falsche Form</u>, da das Substantiv *âge* im Singular steht. Korrekte Form: <u>quel</u>)
3. A côté d'elle, il y avait un petit chien. Mais de <u>quelles</u> couleur était-il ?
   (<u>Falsche Form</u>, da das Substantiv *couleur* im Singular steht. Korrekte Form: <u>quelle</u>)
4. Le professeur a demandé aux élèves quels intérêts ils avaient ...
   (richtige Form)
   ... et <u>quel</u> musique ils aimaient.
   (<u>Falsche Form</u>, da *musique* weiblich ist. Korrekte Form: <u>quelle</u>)
   Finalement, il voulait savoir *quels* matières ils préféraient.
   (<u>Falsche Form</u>, da *matière* weiblich ist. Korrekte Form: <u>quelles</u>)

16 S. 37 Grammatikaufgabe

Je n'ai pas le temps.
Tu as vu cette photo?